A Brief History of
the Development of Jewelry Industry
in Shenzhen

深圳珠宝行业发展简史

1981

2021

深圳珠宝博物馆/编著

图书在版编目（CIP）数据

深圳珠宝行业发展简史/深圳珠宝博物馆编著.—武汉：中国地质大学出版社，2021.9

ISBN 978－7－5625－5101－0

Ⅰ.①深…

Ⅱ.①深…

Ⅲ.①宝石－企业史－深圳

Ⅳ.①F426.89

中国版本图书馆CIP数据核字（2021）第181411号

深圳珠宝行业发展简史					深圳珠宝博物馆　编著	
责任编辑：	张旻玥	林喆曼	张玉洁	选题策划：张　琰　叶友志	责任校对：	何渤语

出版发行：中国地质大学出版社（武汉市洪山区鲁磨路388号）　　邮政编码：430074

电　话：（027）67883511　　　传　真：（027）67883580　　　E-mail:cbb @ cug.edu.cn

经　销：全国新华书店　　　　　　　　　　　　　　　　　　　http://cugp.cug.edu.cn

开本：787毫米×960毫米　1/16　　　　　　　字数：131千字　　印张：9.75

版次：2021年9月第1版　　　　　　　　　　　印次：2021年9月第1次印刷

印刷：湖北金港彩印有限公司

ISBN 978-7-5625-5101-0　　　　　　　　　　　　　　　　　　　　定价：60.00元

如有印装质量问题请与印刷厂联系调换

《深圳珠宝行业发展简史》编委会

顾问 | Consultants

孙文盛　邵汉青　叶志斌　刘子先

编委会主任 | Directors of editorial board

黄志勇　耿　波

编委会副主任 | Vice directors of editorial board

焦瑾璞　孙凤民　林　强　杨绍武　王立新　曹　阳　王　振

编委会成员 | Members of editorial board

丁　汀	王乃珠	王义善	王月要	王亚莉	王志伟	王忠善	王曼君
王熙光	方学斌	卢礼杭	叶向洲	丘志力	成宝林	毕立君	曲　华
吕　航	朱文豪	伍毅斌	任　进	庄儒平	庄儒桂	刘发枝	刘佐忠
刘旺枝	苏日明	杜源宁	李文伟	李伟柱	李厚霖	李勋贵	李恒白
李冠丘	李冠亮	李梦杰	杨汉臣	杨明星	杨乖进	杨润京	肖伟川
吴　威	吴　卿	吴　浩	吴峰华	吴德荣	邱　寻	邱梓桑	佘定常
邹志群	沈汝铭	沈波春	张　军	张俊龙	陆怀松	陈亿斌	陈火龙
陈世昌	陈伟明	陈晔平	陈焕先	陈雄伟	陈楚生	陈楚波	陈德官
范成瑜	林畅伟	林添伟	卓汉才	金邦明	金宏辉	周广德	周泽亮
周宗文	周宗清	周厚躬	周祝健	周桃林	周德奋	郑耿坚	郑爱玉
孟宪松	赵兴龙	赵志良	胡楚雁	柯　捷	钟亚健	段体玉	施禀谋
姚华镔	姚润雄	党新洲	徐一新	徐静幽	殷　泽	翁国雄	翁国强
高　华	郭英杰	郭晓飞	涂兴财	陶明浩	黄文彬	黄仕坤	黄达华
黄金远	黄炳标	黄海雄	黄镇池	崔文元	符和民	傅炳文	奥　岩
曾俊宏	曾　鹏	甄伟钢	虞阿五	谭敬华	薛楚亮	欧阳秋眉	

全本审读 | Reviewer

郭晓飞

统筹人 | Coordinators

王　振　徐一新

执行统筹 | Executive coordinators

海钟方　刘　蓓

执行编委 | Executive editors

林喆曼　田　歌　王瑜卿　王思成　彭　媚　王卓鹏　柴　燃　陈　璐
孙　艳　李穗生　陈国林　李穗生　刘　蓓　董朝旭　杨延龙　周浩榆
杨　静　潘灵鑫

深圳珠宝博物馆
深圳珠宝网
深圳市泽木文化传播有限公司

版式设计 | Format designers

肖　桔　王思成　郑雨宁　徐江伟　袁梦诗

序言 Preface

1981年，深圳首家珠宝"三来一补"企业——东方首饰来料加工厂成立，开启了深圳珠宝行业波澜壮阔的发展进程，至今40载。

深圳珠宝行业自萌芽期的锋芒初绽，到探索期的敢为人先、发展期的锐意进取，再到升级期的砥砺转型，无数珠宝从业者将青春与汗水烙印其间。他们用汹涌澎湃的激情与百折不挠的勇气，开创了"世界珠宝看中国，中国珠宝看深圳"的局面。我们希望通过《深圳珠宝行业发展简史》的出版，记录珠宝行业一路走来的蓬勃面貌，从过往中整理经验、扬长补短、洞见未来。

深圳珠宝行业发展的集聚区在罗湖，珠宝产业是罗湖区特色产业。2018年末经济普查统计，罗湖有珠宝商事主体16 887家，全市珠宝交易中心和批发市场约30家，珠宝从业者超过25万人，行业制造加工总产值约1500亿元，批发零售业销售额约450亿元。由此观之，这是一个规模庞大的行业。

40载风雨兼程，在经历产业规模扩张、产品品牌提升、产业链整合之后，当新的消费供给、新的消费场景等即将来临时，相信这个行业也能如璀璨珠宝一般，一如既往地闪耀光芒。

东方风来满眼春，天时、地利、人和，造就了今日的深圳珠宝！古老的朝阳产业正焕发着勃勃生机，迎接美好的未来！

目录 Contents

溯源篇

历史的渊源 | 2

发展沿革 | 5

 第一节 春回大地 产业初起 1981—1989 年 萌芽期 | 5
  一、如日方升 初露锋芒 | 8
  二、市场启蒙 方兴未艾 | 10
  三、审时度势 循次而进 | 15

 第二节 日新月异 蓬勃待发 1990—2000 年 探索期 | 18
  一、体制改革 顺势而行 | 22
  二、敢闯敢试 敢为人先 | 26
  三、伺机而动 迁地兴业 | 32

第三节　百花齐放　欣欣向荣　2001—2012年　发展期　| 42
　　一、渐入佳境　开创征程　| 44
　　二、盛业崛起　势如破竹　| 51
　　三、奋楫扬帆　再创辉煌　| 56
　　四、锐意进取　勇往直前　| 64
　　五、果敢开拓　创新时代　| 81

第四节　产业赋能　创新格局　2012—2021年　升级期　| 91
　　一、转型升级　砥砺前行　| 93
　　二、战略调整　大有作为　| 97
　　三、电商崛起　消费升级　| 103
　　四、行业改革　聚势共赢　| 107

回顾篇

深圳珠宝产业四十年回顾展　| 124

水贝传奇　| 126

第一节　合抱之木　生于毫末　1981—2003年　| 126

第二节　珠联玉映　欣欣向荣　2003—2013年　| 130

第三节　大浪淘沙　道在日新　2014年至今　| 136

溯源篇

✦ 历史渊源

珠宝与深圳，有着深厚的情缘。在时光流转中，眼见寂静渔村变成繁华都市，在蜕变的进程中，"珠宝"二字，如一束璀璨光芒，让深圳在奋进的历程中更显夺目耀眼。

40载过去了。而今，站立于座座高楼崛起的水贝街区，外来者恐怕难以想象，这个五光十色的行业，源自简陋车间内珠宝人一双双劳作的手，源自珠宝人一颗颗赤诚之心。在计划转市场、制造变创造的过程间，关于深圳珠宝的故事一直在书写，且浓墨重彩、源源不竭。就让我们掀开这部波澜壮阔发展史的扉页，细细审视深圳珠宝行业发展史。

深圳于1979年建市，在此之前叫作宝安县。1959年，广东省珍珠总公司在当时的宝安县大鹏半岛七娘山下建成了一个珍珠养殖场——东山珍珠养殖场，对养殖珍珠进行简单的初加工。这是深圳建市前对珠宝加工唯一的记载。

建市之前，深圳珠宝加工业也基本处于一片空白，只有一些简单的工艺美术品生产企业和初级工艺作坊，所生产的产品也只有珍珠、胶花、假发、草编等制品，统称为工艺美术品。20世纪80年代初，深圳市政府开展大规模的"外引内联"工作，工艺美术品出口销路好，因此，工艺美术业成为深圳吸引外资最早的行业之一，并获得了较快的发展。

注释：
1958年12月撤销惠东县，归入惠阳县，同时将龙岗、横岗、坪山、大鹏、葵沙、南平等乡从惠阳划出，归入宝安县。

溯源篇

40 年前的深圳，当时一眼望去，还是一片稻田

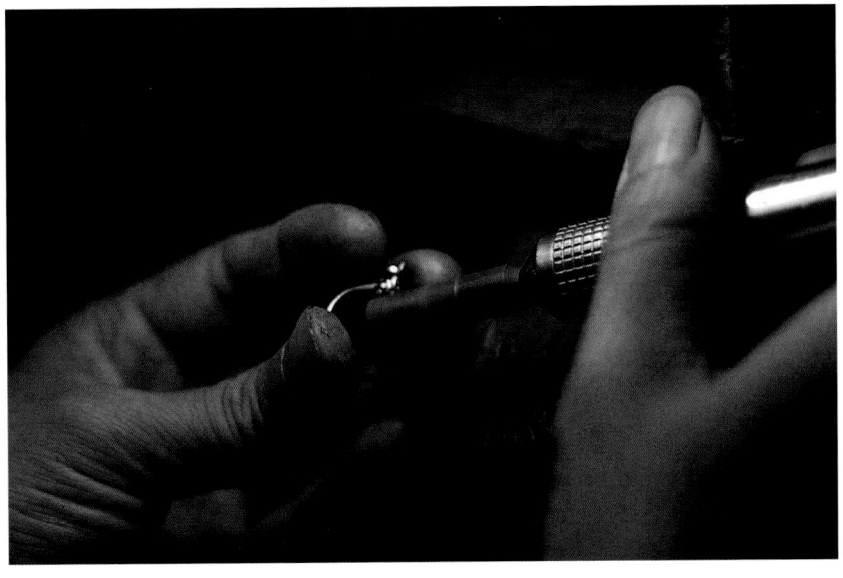

深圳珠宝工匠在制作珠宝首饰

1981年罗湖湖贝村来料加工的工厂

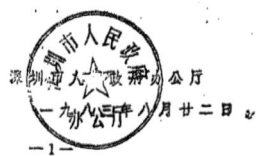

深圳市人民政府关于市酱料综合厂易名的批复文件

追本溯源,当下享誉盛名的深圳珠宝产业,其实是与香港珠宝产业有莫大关联的。1979年建市后,很多港商看中深圳毗邻香港,劳动力充足,水电、交通等费用低的优势,将生产部门迁移至深圳,进行来料加工。1981年12月,经深圳市政府批准,香港诚志高珠宝有限公司联合市酱料综合厂建起首家珠宝"三来一补"企业——东方首饰来料加工厂。由此,也拉开了深圳珠宝产业40年不平凡的发展序幕。

发展沿革
DEVELOPMENT
EVOLUTION

第一节

春回大地
产业初起

1981—1989年

萌芽期

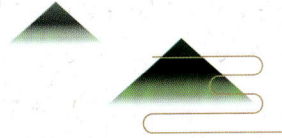

1978年12月，党的十一届三中全会作出把党和国家的工作重心转移到经济建设上来，实行改革开放的战略决策，开启了改革开放和社会主义现代化建设的道路。深圳作为改革开放的支点与突破口，创造了令人瞩目的"深圳速度"。

走在改革开放前沿的深圳，依靠经济特区开放的政策，较低的人工成本，巨大的市场潜力、前景及毗邻香港的优势，吸引了诸多外来珠宝商，特别是香港地区的珠宝商前来投资设厂。

20世纪80年代起，全球珠宝产业逐步向亚洲国家和地区转移，中国香港、泰国、印度珠宝制造业迅速崛起，保持高速发展势头，并在世界格局中占据重要地位。

改革开放为外资引进铺平了道路。彼时，我国企业经营方式发生了新的变化，国家开始允许外商开办独资及合资企业。1979年8月、9月，为了扩大地方和企业的外贸权限，鼓励增加出口，办好出口特区，国务院连续颁布了《关于大力发展对外贸易增加外汇收入若干问题的规定》和《开展对外加工装配和中小型补偿贸易办法》，对相关企业给予免除关税和工商税等优惠政策。相关政策的出台，对深圳珠宝业的发展起到了极大的促进作用。

1978年，广东出现了最早的"三来一补"企业。所谓"三来一补"，即来料加工、来样加工、来件装配，以及补偿贸易。具体来讲，是由外商提供设备、原材料、来样，并负责全部产品的外销，由中国企业提供土地、厂房、劳力。这是改革开放初期，在土地有偿使用之前，利用土地产生经济价值的一种较早的形式。

随着"三来一补"形式的出现,因为具备毗邻港澳区域的独特优势,大量"三来一补"企业开始涌入深圳,其中亦不乏珠宝企业。1981年12月,经深圳市政府批准,香港诚志高珠宝有限公司引进设备,联合市酱料综合厂斥资380万元人民币,建起首家珠宝"三来一补"企业——东方首饰来料加工厂。企业招聘职工50余人,主要从事足金饰品的生产加工。东方厂成立次年,加工金饰品累计15 308件,生产总值达14.87万元人民币,当年实现利税2.7万元人民币,出口创汇35.46万港元。环顾中国珠宝行业,东方首饰来料加工厂是起步较早的"三来一补"企业,也是深圳珠宝行业历史上最早的珠宝制造企业之一。东方首饰来料加工厂的成立,为深圳珠宝制造业后期的长足发展,吹响了总动员的号角。

深圳第一家"三来一补"企业作业场景

一、如日方升　初露锋芒

春风拂地，万物润泽。1984年，邓小平第一次来到改革开放后的南方大地，看到特区的建设成就，明确了办经济特区之路是正确的。此后，社会统一思想，开始经济建设和对外开放，国民经济得到快速发展，百姓生活水平得到逐步提高。在中华人民共和国成立35周年的庆典上，写有"时间就是金钱，效率就是生命"的蛇口工业区彩车从天安门广场驶过，这句口号也从此成为了深圳建设发展道路上的座右铭。

而在深圳快速建设发展的同时，珠宝行业也乘上了这辆东风特快专车。

社会经济的发展刺激了市场对金银饰品的需求。为了满足人民对金银饰品的需求，1982年8月，经国务院批准，国内恢复出售黄金制品，贵金属在有管制的条件下开始流通。从此，我国的金银市场迈出了开放的第一步，国内部分大城市的商场开始开设黄金首饰零售专柜或者零售店。1982年，深圳特区中国人民银行深圳分行正式对外办公，这也进一步加快了珠宝行业的贸易发展。这一时期，深圳的"第一家金店"和"黄金饰品定点企业"也正式出现在历史舞台上。1983年1月，经由中国人民银行深圳特区分行申报的第一家金店——深圳旅游服务公司金行，经广东省人民银行批准后正式开张营业，开启了深圳正式对外售卖黄金首饰的历程。1984年，经轻工业部和中国人民银行总行批准，深圳市艺华公司成为深圳第一家对国内生产、经营黄金饰品的定点企业，改变了此前黄金饰品只有广州市工艺美术公司所属服务部批发供应的局面。次年，深圳市东方首饰厂建成投产，全市的珠宝金行发展到约10家。

溯源篇

历史事件

- 1982年，中国迈出开放金银市场的第一步，国务院批准恢复了黄金首饰内销权

- 1983年1月，经由中国人民银行深圳特区分行申报的第一家金店——深圳旅游服务公司金行正式开张营业

- 1984年12月，经轻工业部和中国人民银行总行批准，深圳市艺华公司成为深圳第一家对国内生产、经营黄金饰品的定点企业

9

二、市场启蒙　方兴未艾

随着改革开放的深入，我国经济发展势头良好，也推动着黄金珠宝业的发展。1985年，黄金珠宝业在政策推动下脱离原属的工艺美术行业，成为独立行业，此举意义重大。20世纪80年代中后期，国内出现较为严重的通货膨胀，政府为了抑制通货膨胀、加快货币回笼，增加了很多适合民众消费的商品供应，而黄金首饰便是当时最为热销的商品之一。基于此，增加黄金首饰的供应成为政府当时抑制通货膨胀的一种办法，这也为黄金珠宝行业的加速发展打下了基础。

1985年2月26日，国务院办公厅转发中国人民银行等部门《关于加快黄金饰品生产和做好储备、销售工作的报告》（简称《报告》）的通知。《报告》提出，为了配合物价、工资改革，稳定金融市场，多回笼货币，决定当年生产100吨黄金饰品。先将50吨用于当年的市场销售，另50吨暂由中国人民银行储备，以备必要时再集中投放市场，作为稳定市场的应急措施。同时，《报告》还指出，为了增加国家收入，决定对黄金饰品用金的配售价格，自3月1日起，每小两（注：今市制分一斤为十两，以前分一斤为十六两故俗称之为小两）由1200元提到1350元。黄金饰品零售价每小两1700元。

《报告》的出台，标志着我国对黄金珠宝行业的政策性障碍开始消除，自此珠宝首饰的购买力成为珠宝市场发展的决定因素。虽是处于改革开放初期，但伴随我国经济的快速发展，居民收入亦水涨船高，我国珠宝内需市场便于此时逐步形成。出于传统观念中对黄金的信赖，民众热衷于购买黄金首饰，爆棚的购买热情甚至造成部分地区供不应求的局面。而民众认识的深化，也进一步推动了黄金珠宝自原属的工艺美术商品中分离出来，成为一个独立的商品门类。从宏观上来看，这种分离很大程度上突破了原有的行业格局，使得黄金珠宝业最终得以独立，而黄金珠宝业带来的社会经济效益，也成为政府支持行业发展的巨大动力。

在珠宝行业突破性发展的大背景之下，沙头角这个位于深圳东部的小镇，亦在这个特定的历史时期吸引了众多目光。1979 年深圳建市后，沙头角镇党组织在深圳市委支持下，充分利用与香港新界一街相连的特殊地理位置，积极引进外资发展经济，大搞来料加工和来料养殖，货物直接进出；允许集体和员工把完成国家任务后的农副产品直接运往新界销售；允许群众购买自用的生活用品并实行免税。而这些灵活措施极大激发了人民群众建设边境小镇的热情，也进一步促进了沙头角经济的快速发展。

位于沙头角的中英街，在整个 20 世纪 80 年代，以其特殊的地理位置和琳琅满目的商品，吸引着全国各地慕名而来的人们参观购物，成为闻名全国的购物天堂。而席卷全国的"黄金热"，更是让中英街成为全国第一条"黄金街"，引得全国各地购金者蜂拥而至——这里的金饰品多数来自香港，款式新颖、做工精细，用港币、人民币均可购买，价格每克比深圳其他地方低 20 元左右（注：80 年代内地黄金价格为每克 50 元左右，而作为物价对比，猪肉在 80 年代末期每斤 1 元）。

实际上，中英街"黄金热"的背后，有着特定的时代原因——国内金银首饰市场供应严重短缺，造成了十分突出的供需矛盾。而从根本上来看，"黄金热"虽是繁荣了市场，却也造成了港币、人民币大量的流失和变相的黄金走私。因此，针对这一现象，深圳市委、市政府采取"疏管结合、综合治理"的方针，既加强行政管理，又采取经济手段进行调控。这一时期里，有15家经中国人民银行深圳分行审查批准符合条件的金店开业，这些金店可以直接从香港进货，这对促进深圳珠宝业的发展产生了重要影响。

1988—1990年，对于深圳珠宝行业而言，是值得纪念的一段日子。这一时期里，深圳市政府把金银珠宝首饰业定位为出口创汇支柱行业，加强了政策上的支持。而在1989—1990年内，深圳佳溢珠宝首饰有限公司、深圳宝昌钻石饰品实业有限公司、深圳仁和贸易有限公司、深圳金阳珠宝有限公司先后经中国人民银行总行批准，获得黄金饰品和K金饰品生产、加工批发权。同时，由市政府直接领导的深圳市珠宝城企业有限公司也于1989年11月成立。截至1989年，经中国人民银行批准建立的金银来料加工企业达到30家，这些企业拥有先进的设备、优秀的技术人才和现代化的管理经验，加上已经获得黄金饰品生产加工、批发的国营骨干企业，这些都为行业的早期发展奠定了坚实的基础。

而在这一时期，内地可观的市场潜力也进一步吸引港商前来投资设厂，香港恒丰首饰公司、万宝路贸易公司等相继来到深圳合作兴办金银饰品来料加工企业。应当说，港资企业的内迁对于深圳珠宝业的发展壮大起到了推波助澜的作用。

溯源篇

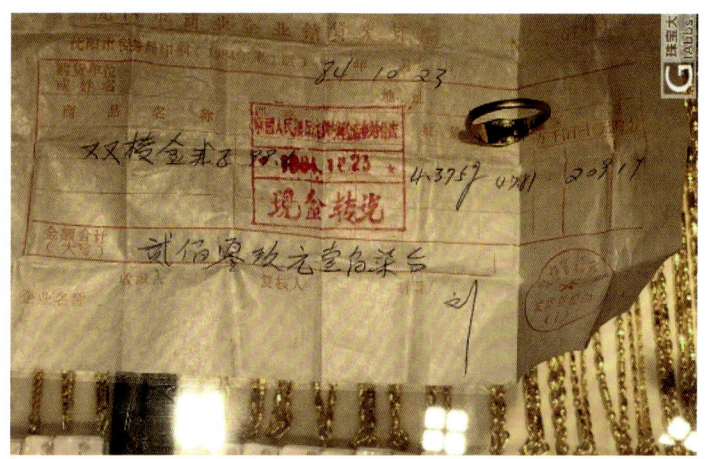

1984年金价，单据显示黄金每克47.81元

全国各地来中英街购物的人群

深圳珠宝行业发展简史

历 史 事 件

中英街为了一个购物圣地，吸引了大批游客到此购物观光整个20世纪80年代，中英双方签订开放沙头角中英街协议之后，

—— 当时勘界的情景 ——

—— 中英街老照片 ——

1985年，《关于加快黄金饰品生产和做好储备、销售工作的报告》出台

—— 《关于加快黄金饰品生产和做好储备、销售工作的报告》——

中华人民共和国中央人民政府
www.gov.cn

国务院办公厅转发中国人民银行
等部门关于加快黄金饰品生产和做好
储备、销售工作的报告的通知
国办发〔1985〕16号

各省、自治区、直辖市人民政府，国务院有关部门：

中国人民银行、轻工业部、商业部《关于加快黄金饰品生产、做好储备、销售工作的报告》，已经国务院批准，现转发给你们，请照此执行。

国务院办公厅
一九八五年二月二十六日

关于加快黄金饰品生产和
做好储备、销售工作的报告

国务院：

根据国务院领导同志的指示，我们研究了今年黄金饰品的生产、储备和销售问题。现将意见报告如下：

一、为了配合物价、工资改革，稳定金融市场，多回笼货币，决定今年生产一百吨黄金饰品。这是一项在特殊条件下采取的重要措施，有关部门要密切配合，努力完成这项生产任务。在一百吨黄金饰品中，先用五十吨供应今年的市场销售，另五十吨暂由人民银行储备，以备必要时集中投放市场，作为稳定市场的应急措施。

二、黄金饰品的生产点，原则上不再增加。要充分发挥现有生产点的生产能力，努力提高工艺水平，增加花色品种。一百吨黄金饰品，由轻工系统负责生产八十吨，其中，四十吨由工商企业生产，四十吨由人民银行委托加工，作为储备；冶金、有色金属和人民银行系统负责生产二十吨，其中，十吨储备，十吨由人民银行和受其委托的单位销售。轻工系统生产所需的用金指标，由轻工部根据企业生产条件提出计划，会同人民银行共同下达，由当地人民银行供应黄金。

三、目前生产和出售黄金饰品经营利润很大，为了增加国家收入，决定对黄金饰品用金的配售价格，自今年三月一日起，每小两由一千二百元提到一千三百五十元。每小两提高的一百五十元收入，列入银行专户收入。黄金饰品零售价每小两一千七百元。配售价与零售价每小两差价三百五十元的分配，由轻工业部与商业部研究确定，要重点照顾生产企业。这一百吨黄金饰品的零售价格，可由人民银行根据市场情况进行调整，并报国家物价局备案。同时，相应调整黄金配售价格，保持差价三百五十元不动。

四、人民银行委托加工黄金饰品的加工费，原则上要保持生产企业原有的生产利润。由各地人民银行与生产企业签订加工合同，具体规定加工的品种、规格、数量和加工费。

五、销售黄金饰品，除轻工系统原有销售网点继续经营外，原则上以国营商业为主。所有知青点不得销售黄金饰品。对销售点，要由各省、自治区、直辖市商业、轻工部门和人民银行共同审查确定，并接受人民银行对黄金制品的管理和监督。人民银行必须依照金银管理条例，加强对金银市场的管理。未经批准的单位，一律不得经营黄金饰品。

以上报告如无不妥，请批转各地区、各有关部门执行。

中国人民银行
轻工业部
商　业　部
一九八五年二月十五日

三、审时度势　循次而进

20世纪下半叶，全球经济朝着改变传统生产方式和产业结构的方向发展。党的十五大提出全面实施科教兴国的战略，在此基础上，深圳审时度势抓住经济变革的机遇，大力发展高新技术和先进工业，深圳珠宝产业平台也再上新台阶。

历史的转折点于这一时期到来，1991年5月，经国务院正式批准，沙头角保税区正式成立，享有"免证、免税、保税"等优惠政策。凭借保税优势和通关便利，沙头角进一步吸引了珠宝行业发达的国家和地区，特别是香港地区的珠宝企业（包括周大福等）前来投资设厂。在此之前，仅1989年，经中国人民银行批准成立的39家金银来料加工企业中，港资企业就达到了32家，占比82.1%。随后众多的珠宝生产加工企业在沙头角集聚成型，使得这里逐渐成为黄金珠宝产业主要加工贸易基地，自此，深圳珠宝产业呈现集群效应。

一定意义上，港资企业的内迁为深圳珠宝业的发展壮大打下了坚实基础，在其现代化的管理经验和先进的生产技术带动下，大批管理及技术人才得以培养与输送，成为深圳珠宝业发展的先头部队。

1989年11月，以丰富行业及市场为目的，深圳市政府成立了国营珠宝企业——深圳市珠宝城企业有限公司。

作为 20 世纪 90 年代最为著名的珠宝企业之一，深圳市珠宝城企业有限公司旗下拥有珠宝城金行、深圳鹏盈珠宝首饰有限公司、深圳蓝宝石钟表有限公司。公司运营机制完善、规模浩大，在 1992 年更是实现利税 1500 万元的佳绩，令业界为之震撼。

K 金首饰加工

　　随着国内外珠宝商的全面发力以及产业链及配套的日渐成熟，如何培养珠宝研发、制造、管理人才，为行业贡献可持续发展之力，成为业界普遍关注的问题。1989 年，中国地质大学（武汉）珠宝学院通过与英国宝石协会合作，开设了英国宝石协会宝石证书课程，大大加快了宝石教育发展的步伐，这也是我国最早引进的国际先进宝石学教育体系。随后，自 1992 年起，深圳珠宝行业也开始有意识地培养行业中高级技术、管理人才。1995 年，深圳职业技术学院设计学部开设首饰设计与工艺专业，成为培养高级技术型、操作型人才，集首饰教学、科研、开发三位一体的高等专业教育机构。

历史事件

- 1989年，中国地质大学（武汉）珠宝学院开设 FGA课程，这是我国最早引进的国际先进宝石学教育体系

- 1989年11月，以丰富行业及市场为目的，深圳市政府成立国营珠宝企业——深圳市珠宝城企业有限公司

发展沿革
DEVELOPMENT EVOLUTION

第二节

日新月异
蓬勃待发

1990—2000年

风雨十载，深圳走过了改革开放后第一个不平凡的十年。1990年11月26日，在庆祝深圳经济特区成立10周年招待会上，国家领导高度评价深圳经济特区十年建设的成就，为深圳未来发展进一步指明了方向。

立于市场经济体制改革的前沿，深圳珠宝业在此时期逐渐步入平稳快速的发展轨道，率先形成了珠宝加工企业的集群。随着市场环境的变化，特别是1999年中国白银市场的开放，深圳珠宝业逐渐由外销向内销转型。在此基础上，沙头角部分企业迁移至深圳市罗湖区水贝片区，优越的地理位置和政府的有意识引导，令罗湖水贝逐步聚集了上百家珠宝首饰加工、销售企业，聚集基地初成雏形。

这十年间，深圳珠宝首饰品类得以极大丰富，从纯黄金饰品、纯黄金镶嵌人工宝石、18K金镶中低档宝石，到K金、铂金镶中高档宝石，再到铂金镶钻石，品类多样，款式新颖，满足了不同人群的需要。同时，设备的进步、工艺的创新，也令中国珠宝产业逐渐向国际靠拢。随着国家对贵金属市场的进一步开放，内销市场的迅速发展为珠宝业的未来铺平了道路。

—
罗湖旧貌
—

溯源篇

罗湖新貌

一、体制改革　顺势而行

行业的日益发展壮大，离不开秩序的建立和规章的约束，因此，成立珠宝行业协会势在必行。1990年3月，深圳市珠宝首饰行业协会应运而生（1999年8月，经主管部门批准更名为深圳市黄金珠宝首饰行业协会），并于同年11月召开了首届会员代表大会，选举产生了以曲华为会长的协会领导机构。协会成立后，充分发挥了企事业单位与政府之间的桥梁与纽带作用，团结广大珠宝首饰企业，积极推动深圳珠宝首饰业的发展。

这一时期，针对行业态势，中国人民银行深圳分行于1990年7月制定《深圳市金银来料加工企业的管理规定》，规定金银来料加工企业所需金银原料必须由境外进口，加工后的金银及金银镶嵌首饰成品、半成品必须全部返销境外，即实行"全进全出"管理原则。自此，金银走私活动得到有效遏制，金银进出口监管体系得以进一步完善，深圳市金银市场的管理工作做到有法可依。与此同时，国务院开始改革现行金融体制，1993年，《国务院关于金融体制改革的决定》的发布，确立中国人民银行作为独立执行货币政策的中央银行的宏观调控体系，实行政策性银行与商业银行分离的金融组织体系。随后，《国务院关于进一步深化对外贸易体制改革的决定》也于1994年发布，相关政策的连续出台稳定了金融市场，建立起了适应国际通行规则的金融机制，也为珠宝行业的发展提供了良好的契机。

在市场秩序得以进一步树立的同时，深圳珠宝企业同样经历了巨大变化。1990年，为推动改革开放政策的落实与市场经济的进一步发展，中国人民武装警察部队黄金指挥部在深圳成立"高得黄金首饰有限公司"，负责金矿地质勘探、黄金仓储库存及黄金押运业务。此后，高得黄金首饰有限公司在经历

1999 年珠宝行业联谊会合照

国有经营改私有化经营进程之后,改制成为如今负有盛名的深圳市安盛华实业发展有限公司。1993年,经中国人民银行批准,深圳仁和贸易公司获得"黄金租赁"业务权,成为当时深圳市唯一获得"黄金租赁"业务权的公司。由中国人民银行监控,在限定的年限内,仁和公司被准许不定期地从国际市场购买黄金原料,以满足自身企业的需求。宏观上来看,此项业务的开展也在一定程度上缓解了深圳市黄金原料供应不足的困难。

市场的规范与繁荣,为珠宝企业带来发展契机。1993年,深圳金阳公司引进全国首条铂金生产线,率先在国内推出了做工精美、款式潮流的 Pt 900 系列铂金首饰,受到当时全国消费市场的热捧。同年 8 月,深圳祥铭实业有限公司(1999 年 3

月更名深圳仙路珠宝首饰有限公司）注册并引进日本先进的铂金铸造设备，进一步提升产品质量。在这一时期里，由于深圳珠宝企业具备设备技术先进、产品款式新颖等优势，内地具有黄金配额的企业也纷纷将其原料送来加工。源源不断的外来加工以及非正式渠道的原料加工，使得1993年全年黄金配额仅为3.1吨的深圳金银原料加工量超过了100吨，全年工业产值更是达到180亿元，比1991年足足增长了5倍。

国内珠宝业逐步发光发热，形成一定销售规模的同时，国外珠宝商亦对中国市场跃跃欲试。1993年，全球钻石巨头戴比尔斯进入中国市场，以"钻石恒久远，一颗永流传"这句广告词风靡全中国，并在广州、上海、北京和成都设立办事处，有计划地推广、销售钻石，对中国钻石市场的发展与繁荣起到了极大的推动作用。同年，来自泰国的红宝石和蓝宝石也出现在中国市场，凭借鲜艳色泽以及新颖款式，很快赢得消费者青睐，市场销售良好。

这一时期，珠宝市场渐次成熟以及高速增长的态势，为深圳珠宝产业链各个环节带来巨大商机，珠宝品类同样得到了极大丰富。金银首饰、金银摆件、K金首饰、K金镶嵌首饰、铂金首饰以及各种宝玉石、人工宝石、珍珠首饰的生产加工，改变了早期深圳珠宝业足金足银的单一生产局面。90年代初，深圳金阳珠宝有限公司（简称金阳公司）、深圳市珠宝城企业有限公司（简称珠宝城公司）、深圳市佳溢珠宝首饰有限公司（简称佳溢公司）等款式新颖的K金镶嵌首饰畅销全国。专注于贵金属镶嵌领域的宝怡珠宝前身——深圳市宝怡珠宝首饰加工厂，也于1990年创立，开启其30余载的发展历程。

- 20世纪90年代初,金阳公司、珠宝城公司、佳溢公司等款式新颖的K金镶嵌首饰畅销全国

20世纪90年代K金镶嵌饰品

- 1993年12月25日,《国务院关于金融体制改革的决定》出台

- 1993年,金阳公司引进全国首条铂金生产线

- 1993年,戴比尔斯进入中国

戴比尔斯进入中国时的广告

- 1995年,深圳职业技术学院设计学部开设首饰设计与工艺专业

二、敢闯敢试 敢为人先

受国家宏观调控影响，1994 年，民众消费热度逐渐呈下降趋势，珠宝企业资金缺乏、销量下降，进而引致整个行业产值下滑。但相对平淡的市场却并未影响企业开发新品类的热情，珠宝首饰品类在这一阶段依旧不断增加。

珠宝城公司下属骨干企业鹏盈公司的珠宝首饰厂，是深圳最早引进 K 金镶嵌技术的厂家之一。该厂设备先进，员工技术成熟，饰品做工精细。1991 年，作为深圳唯一参加香港珠宝展的企业，该厂产品以其款式新颖、质量上乘的特色吸引了大批参观者。之后，订单不断增加，工厂规模迅速扩大，产品遍布全国除西藏、宁夏以外的所有省区，月加工量达 5 万～6 万件，年加工收入 400 万～500 万元，纯利润逾 100 万元。1997 年后，随着宏观经济形势的变化，民营企业异军突起，珠宝城逐渐失去昔日光环，但是其为行业发展，尤其是人才培养做出的贡献，却不可磨灭。

规模化、集约化经营在这段时期成为深圳珠宝首饰加工业的发展目标。1995 年起，沙头角保税区管理局开始有计划地吸引香港珠宝制造企业迁入保税区。劳伦斯珠宝首饰（深圳）有限公司、宝瑶珠宝首饰（深圳）有限公司、恒丰珠宝首饰（深圳）有限公司等港资著名企业，均在沙头角保税区安家落户。数据显示，截至 1995 年，深圳市金饰品生产加工批发企业增加到 9 家。仁和、高得等公司通过各种渠道吸引了国内众多厂家前来加工生产，业务量不断扩大，年产值占当年行业总产值的 13%。1996 年，深圳市金饰品产量比上年增长 50.4%，加工批发量（含上年度库存部分）比上年增长 50.3%，劳动生产率明显提高。

1994年珠宝杂志版面

合资、国有企业发展壮大的同时，民营企业也在1996年得到了快速的发展。这一年的数据统计表明，民营珠宝企业仅工商局注册就达46家，注册资金达8360万元。全行业400多家工业企业中，国有、内联企业约占15%，"三来一补"企业约占20%，民营企业约占15%；年产值超亿元的约占1.5%，5000万~1亿元的约占15%，1000万~5000万元的约占10%，100万~1000万元的约占60%，不足100万元的约占13.5%。全行业从业人员约8万人，其中技术和管理人员约占8%，工业企业固定资产投资总额约6亿元。

至此，深圳珠宝首饰行业由起步阶段的合资、国有企业为主，逐渐发展成为国有、内联、民营、"三资"企业等多种所有制类型企业共同发展的局面。与此同时，企业技术水平也得到大幅提高，电脑设计、快速成型、激光焊接、激光铸模、网络技术及计算机管理的应用，使深圳珠宝行业生产技术达到国内先进水平。技术发展迅速，规范同样必不可少。1995年，国家首饰质量监督检验中心在国家技术监督局的授权下建立，主持制定、修订国家标准和行业标准，负责日常管理工作，对珠宝行业的规范和良性发展起到了重要的作用。

这一时期，政策的引导同样为深圳珠宝行业前行贡献推动力量。1996年4月1日，我国对4000多种商品，包括黄金珠宝首饰等进口关税进行大幅度削减，关税总水平降至23%，并取消进口税收减免优惠政策；外经贸部、国家计委、国家经贸委、海关总署又联合发布公告，取消

176个税目商品的进口控制措施，这是建国以来我国关税调整范围最广、幅度最大的一次。这次关税的调整对于珠宝行业来说，是一次重大的利好。关税的降低对控制原材料进口成本、引进先进的生产设备和增加市场供给、促进珠宝首饰业的发展起到了积极的推进作用。同年8月，中国人民银行深圳分行发出《关于实行金饰品零售价新标价方法的通知》（简称《通知》），施行黄金零售价格管理制度。根据《通知》规定的新标价方法，实际零售价包括进货价、手工价和消费税，而手工价则由零售商根据产品款式和加工成本自行确定。价格改革后，深圳金饰品手工价为每克5元到数十元不等。当年，深圳金店增加到120家，年销售额5亿元左右。

政策推动的大前提之下，深圳珠宝行业亦是火力全开。1996年，深圳宝昌钻石饰品实业有限公司与香港联洲国际集团合作，投资2亿港元成立深圳宝昌永耀珠宝来料加工厂，引进整套德国电脑生产机械设备和制造工艺技术，其中的K金中空电铸工艺专利技术填补了我国珠宝首饰制作工艺的一项空白。同年，高3.8米，创上海吉尼斯世界纪录的稀世珍宝《金玉观世音》由深圳皇族珠宝艺术有限公司制成，一举震撼了全国。1997年11月6日，著名品牌金大福于深圳地标——国贸大厦开设首家珠宝专卖店，意在开拓零售市场。1998年11月，由文化部中国展览交流中心主办，深圳华景园工艺品有限公司承办并制作的全景工艺巨作《金玉大水法》综合展示活动在北京金台艺术馆举行。这一时期，珠宝首饰种类同样有所增加，铂金及镶嵌饰品成为珠宝首饰的新兴门类，技术工艺革新与自主研发设计也日渐受到重视，深圳珠宝业开始呈现集约化与品牌化的发展趋势。

历史事件

- 1991年，珠宝城公司作为深圳唯一一家参加香港珠宝展的企业，以款式新颖、质量上乘的产品吸引了大批参观者

- 1995年，国家首饰质量监督检验中心在国家技术监督局的授权下建立，主持制定、修订国家标准和行业标准

- 1996年，深圳宝昌永耀珠宝来料加工厂引进整套德国电脑生产机械设备和制造工艺技术，其中的K金中空电铸工艺专利技术，填补了我国珠宝首饰制作工艺的一项空白

溯源篇

历史事件

- 1996年，深圳皇族珠宝艺术有限公司制作完成创上海吉尼斯世界纪录的稀世珍宝《金玉观世音》

大型金玉摆件：金玉观世音

- 1998年，由文化部中国展览交流中心主办，深圳华景园工艺品有限公司承办并制作的全景工艺巨作《金玉大水法》综合展示活动在北京金台艺术馆举行

大型金玉摆件：金玉大水法

三、伺机而动 迁地兴业

1997年，香港的回归为进一步促进国内生产力的发展提供了更加有利的条件。随着与内地经济往来的增加，香港在外资和先进技术的引进及重要商品的进口方面，都做出了重要的贡献。而深圳毗邻香港的独特区位优势，也促使深港两地的合作领域更广、合作层次更高。在珠宝行业，合作促成的迅猛业态发展，使得珠宝首饰的社会拥有量达到相当高的程度，但相对混乱的行业及市场大环境也成为珠宝产业升级发展的桎梏。鉴于此，这段时期里，针对行业、市场的一系列政策法规相继出台，清除发展障碍的同时，亦为其后的深圳珠宝"黄金十年"奠定了基础。

在国家珠宝玉石质量监督检验中心张蓓莉主任的带领下，历经数年的辛勤工作后，首批珠宝玉石国家标准《珠宝玉石名称》《珠宝玉石 鉴定》《钻石分级》于1997年5月1日正式实施。在此之前，由于缺乏统一的标准，不同的地方、行业标准甚至会导致结果迥异的鉴定结果。自此之后，珠宝市场混乱的局面得以改变，中国珠宝市场有章可循的时代正式开启。

首批珠宝玉石国家标准

中华人民共和国成立以来，我国一直对黄金产品实行严格管制，由中国人民银行统一收购和配售。20世纪80年代初至90年代末，中央陆续通过一些改革措施放宽管制：继1982年放开了黄金饰品零售市场，1993年改革了黄金收售价格定价机制之后，1998年，国家对黄金制品零售管理审批制进行改革，中国人民银行深圳分行获准作为全国独家试点开展黄金寄售业务。这一业务的开展，满足了深圳珠宝制造企业对黄金原料的需求，也有效遏制了黄金走私。在黄金寄售业务等优惠政策和低成本优势的推动下，制造所需原材料充足，深圳珠宝产业得以迅猛发展。

在黄金管理体制改革的基础之上，1999年，国家又取消了白银"统购统配"政策，取消对白银制品加工、批发、零售业务的许可证管理制度（除银币外），对白银生产经营活动按照一般商品的有关规定管理。白银市场的开放促进了国内白银生产、流通、贸易、产品深加工的不断发展，也使得中国白银市场得到进一步蓬勃发展。

— 罗湖旧貌 —

珠宝行业各项政策利好发展的同时，中国经济也在进一步复苏与发展。在乡镇企业异军突起、国企改制、风起云涌的下海经商热潮以及"深圳热"的大背景下，整个社会一面热衷于推动经济发展，另一面则又试图重建商业秩序。深圳珠宝行业内，随着黄金、白银市场的进一步开放，深圳沙头角、八卦岭一带的黄金珠宝企业逐渐将经营主业自外销转向国内市场，并在政府政策引导以及地租优势的双重作用下，陆续迁入罗湖水贝，渐成集聚优势。

罗湖区位于深圳经济特区中部，具有优越的地理优势，是深圳市开发最早、最便利的地区。"因水得财，因贝而富"，水贝隶属于深圳市罗湖翠竹街道，水贝社区工作站管辖范围东起贝丽花园街深圳华丽园旁、南至田贝四路、西至文锦北路、北至水贝二路，辖区面积为 0.107 4 平方千米。

1961 年，宝安县划分为五大区，水贝村地域属南头区附城公社管辖。1982 年，水贝村被征地，村委建起来料加工工厂。80 年代起，因临近罗湖口岸，水贝吸引了不少香港企业，尤其是加工企业、"三来一补"加工工厂相继入驻，包括酒楼、印刷厂、服装厂、汽车修配厂等。1984 年，水贝成立办事处，村民从此"洗脚上田"。90 年代初，水贝旧村改造，旧房被推平、新村拓建工作破土动工，一部分珠宝企业进驻水贝，为后期珠宝业腾飞发展奠定了基础。

实际上，由于优越的地理位置以及政策的倾斜，早在沙头角珠宝企业群迁之前，水贝便已初步形成产业规模。1998年之后，得益于国家实行"金银寄售"的优惠政策，水贝一带结合毗邻香港地区的地理环境优势，迅速形成"承接香港、

溯源篇

水贝旧村改造

东南亚产业转移"的巨大洼地效应，成为深圳金银珠宝产业的核心地带，而投入兴建的水贝－万山工业区，更是聚集了上百家珠宝首饰加工、销售企业。

政策的倾斜以及聚集的优势，为珠宝企业的飞速发展提供了良好契机，这一时期内，诸多珠宝企业扩大品牌影响力，声名鹊起。拥有国内先进的中空电铸金银饰品生产线的爱塔公司通过光绒、亚光绒、钉砂、电金砂、喷干砂、喷水砂、闪光砂等不同加工工艺，制作中空电铸摆件，深受消费者欢迎。著名珠宝品牌金象珠宝于1997年在深圳设立运营中心，并在北京双安商场开设首家店铺，开启品牌之旅。同年，在当时珠宝生产加工设备和技术基本都由国外引进的情况下，国内首套倒模设备由千禧之星珠宝创始人研发问世，轰动一时。2000年，千禧之星珠宝股份有限公司正式成立，并在深圳这片珠宝热土迅速站稳脚跟。1999年，在中国人民银行授权发售"千禧金条"

水贝－万山工业区聚集了上百家珠宝首饰加工、销售企业

的基础上，同心珠宝打造出了中国第一款千禧油压錾花工艺金条，中国首创文化金条就此诞生。

根据统计，1998年，深圳珠宝行业共有各类企业616家，其中，国有、内联企业123家，占比19.97%（其中国内黄金饰品生产加工批发企业17家）；外资（包含独资、合资、三来一补）企业277家（其中金银来料加工企业46家），占比44.97%；民营企业216家，占比35.06%。另有零售金银珠宝行153家。产品品种齐全，包括金银首饰、摆件、K金及K金镶嵌首饰、铂金及铂金镶嵌首饰、珍珠首饰、人工宝石首饰、玉器等。同时，黄金饰品国内生产加工批发量60吨，约占国内总产量的50%，居全国首位；铂金及铂金饰品生产加工批发量约10吨，国内市场占有率超过60%。金银来料加工企业加工黄金36吨，白银50吨。年工业总产值约160亿元，相当于1982年的107 599倍，比1991年增长了5.33倍；从业者总数达10万人左右，相当于1982年的200倍。全行业固定资产投资总额约20亿元，主要设备和工艺技术都从日本、意大利、法国等技术先进国家引进，铸造、初步磨光、雕刻、电镀等工序实现了自动化，并率先掌握了中空电镀等在国内尚属空白的新技术。

世界黄金协会在对深圳珠宝行业进行全面考察后得出结论：深圳的企业在管理、技术设备与环境方面，优于广东省内一般加工厂，也优于东南亚国家的同类工厂，仅17家骨干企业所拥有的主要仪器、设备就超过2000台（套）。

1999年，深圳市国内黄金饰品生产加工批发企业增至18家，金银来料加工企业48家，全年生产加工批发黄金饰品125吨，年工业总产值200亿元人民币，比上年增长25%，出口创汇53 959万美元，比上年增长99.08%。

深圳市获得"金银经营许可证"企业列表（1989—2000）

摘自《深圳市志·第一二产业卷》

企业名称	批准时间	特许经营范围	附注
深圳佳溢珠宝首饰有限公司	1989	黄金饰品批发、加工制造	
深圳宝昌钻石饰品实业有限公司	1989	黄金饰品批发、加工制造	
深圳仁和珠宝进出口有限公司	1989	黄金饰品批发、加工制造	原名深圳仁和贸易公司，1997年更现名
深圳金阳珠宝有限公司	1990	黄金饰品批发	
深圳金币珠宝首饰有限公司	1991	黄金饰品批发	原名中国金币深圳经销中心，1997年更现名
深圳市珠宝城企业有限公司	1992	K金饰品批发、加工制造	1997年被石化集团兼并
宝安金饰品服务公司	1993	K金饰品批发、加工制造	1999年变更为三亨
深圳南山珠宝实业有限公司	1993	K金饰品批发、加工制造	
深圳高得金银首饰有限公司	1993	K金饰品批发、加工制造	1998年停业
深圳市艺华珠宝首饰有限公司	1994	黄金饰品批发、加工制造	1984年轻工业部、中国人民银行批准定点生产金饰，1994年更现名
深圳金鳞珠宝首饰有限公司	1994	黄金饰品批发、加工制造	
深圳市平深珠宝首饰实业有限公司	1994	黄金饰品批发、加工制造	
深圳市中旅珠宝金行	1994	黄金饰品批发	

中国中山实业深圳公司	1996	黄金饰品批发	1999年停业
深圳市南华新龙首饰有限公司	1997	黄金饰品批发、加工制造	
深圳市宝亨达首饰有限公司	1998	黄金饰品批发、加工制造	
深圳市爱塔珠宝首饰有限公司	1998	黄金饰品批发、加工制造	
深圳市安盛华实业发展有限公司	1999	金银饰品生产、加工、批发经销	
深圳市三亨实业有限公司	1999	黄金饰品生产、加工、批发经销	由宝安金饰品变更
深圳市欧瑞德珠宝首饰有限公司	1999	金银饰品生产、加工、批发经销	
深圳市翠绿珠宝首饰有限公司	1999	黄金饰品批发（2000年9月中国人民银行批准增加生产、加工业务）	批准增加生产、加工业务
深圳市爱得康珠宝首饰有限公司	2000	金银饰品生产、加工、批发经销	当年更名甘露公司

历史事件

1997年5月1日,首批珠宝玉石国家标准《珠宝玉石 名称》《珠宝玉石 鉴定》《钻石分级》正式实施,中国珠宝市场有章可循的时代开启

1997年7月1日,香港回归祖国

1998年,中国人民银行深圳分行获准作为全国独家试点开展「黄金寄售」业务

1999年,国家取消白银「统购统配」政策,对白银生产经营活动按照一般商品的有关规定管理

1999年,「千禧金条」发行

1999年"千禧金条"发行

发展沿革
DEVELOPMENT EVOLUTION

百花齐放
欣欣向荣

2001—2012年

21世纪初,中国经济发展主动适应经济全球化趋势,以加入WTO为契机,全面提升对外开放水平与对外开放规模;以开放促改革,在对外开放的推动下,建立适应经济全球化的社会主义市场经济体制,加快现有需求结构与产业结构升级。

犹如硬币具有两面,中国入世亦对珠宝行业带来了双面的影响:一方面,国内珠宝企业了解国际潮流、交流学习变得更加容易,成长初期的中国珠宝行业得以直接与国际接轨;另一方面,仍处于生产加工初级阶段、竞争优势并不明显的中国珠宝企业、品牌,要直面来自世界各大珠宝品牌的正面竞争,这当然也对珠宝行业的升级转型产生了促进作用。

整体而言,这一时期,经过"黄金十年"的快速发展,深圳已经形成中国最大的珠宝首饰生产基地和贸易集散地,国内销售的珠宝首饰70%以上由深圳生产制造,"世界珠宝看中国,中国珠宝看深圳"的宏愿初步达成。而在品牌建设方面,则涌现出百泰、爱得康、宝亨达、翠绿、安盛华、行行行、缘与美、宝怡珠宝、千禧之星、钻之韵、粤豪、星光达、吉盟、爱迪尔等一批名牌企业,效果颇佳。

荣获"中国名牌"荣誉称号的珠宝品牌

一、渐入佳境　开创征程

首届深圳国际珠宝展览会于 2000 年 9 月 14 日至 17 日，在深圳高新技术展览中心 D 馆举办，此举在深圳珠宝行业发展史上具有举足轻重的地位。这一年，适逢深圳特区成立 20 周年和深圳市黄金珠宝首饰行业协会成立 10 周年，也因此，于主办方而言，展会不仅要展示珠宝业发展成果，更要从侧面反映深圳经济特区成立 20 年来经济发展和人民生活水平提高的状况，这对确立深圳珠宝业在全国同行业中的形象和地位，具有深远的影响。

这届展会，市财政拨款 70 万元予以支持，场内协议成交量超 3 亿元。当时，许多采购商是听说了展览规模后直接坐飞机赶到深圳观展的，而空前的销售量也使得头两天过后许多参展商便无货可批，改为接受订单订货。良好的成交势头使入场参展商普遍感到满意，不少参展商预定并扩大了第二年的展位。而深圳市民亦对展会表现了浓厚的兴趣，在对公众开放的 16 日、17 日两天，虽然因业内人士继续大量进场，主办单位不得不控制场内人数，但入场参观的市民仍接近一万人。

溯源篇

2000年首届深圳国际珠宝展览会

首届展会的旗开得胜为深圳国际珠宝展览会后来的长足发展奠定了扎实基础。第一届深圳国际珠宝展览会，成为一个行业的时代标志，也成为所有珠宝人记忆中永远鲜明的一个篇章。于珠宝商而言，深圳国际珠宝展览会的诞生，为传统供需双方搭建了空前畅通的渠道，这意味着深圳珠宝强大的制造加工能力开始有了相对应的销售手段，传统供销模式有了质的飞跃，珠宝展览会真正迎合了市场需求，解决了困扰珠宝商良久的供货与采购问题。

20世纪90年代中期，随着国民经济的全面复苏，国内珠宝市场日渐发展壮大。据统计，作为当时世界第四大钻石消费国，中国的钻石加工亦初具规模，磨钻工人超过一万人，世界排名第二。但进口环节税收过高等因素导致钻石行业乱象丛生，并不利于产业长足发展。有鉴于此，2000年10月27日，经国务院批准，上海钻石交易所（简称上海钻交所）成立。作为中国大陆唯一的钻石进出口交易平台，上海钻交所的成立，对推动和促进中国钻石产业健康、有序发展，打造和完善中国钻石产业链，起到了尤为重要的作用。在此基础上，2001年8月，国务院办公厅下发文件，同意将钻石消费税的纳税环节由当时的进口环节、生产环节后移至零售环节，并对未镶嵌的成品钻和钻石饰品的消费税按5%税率征收；同意将钻石加工环节的出口退税率由13%改为实行零税率。对直接进入上海钻交所的进口钻石在进口环节不征收增值税，上海钻交所的钻石出口不退税；在上海钻交所内交易的钻石不征收增值税；国内钻石进入上海钻交所可享受出口退税；对从上海钻交所进入国内的钻石照章征收增值税。自此，中国钻石行业全面进入规范时代，钻石加工和贸易得以健康有序发展。

特急

中华人民共和国对外贸易经济合作部

〔2000〕外经贸资一函字第745号

关于同意设立上海钻石交易所
有限公司的批复

上海市外经贸委：

《关于建立"上海钻石交易所有限公司"的请示》（沪经贸项目字[2000]1157号）悉，经审核，现批复如下：

一、同意中国工艺品进出口总公司（以下简称甲方）、上海陆家嘴（集团）有限公司（以下简称乙方）、香港百利兴控股有限公司（以下简称丙方）、东浩集团上海市工艺品进出口有限公司（以下简称丁方）、上海老凤祥有限公司（以下简称戊方）、上海豫园旅游商城股份有限公司（以下简称己方）、山东工艺品进出口集团股份有限公司（以下简称庚方）和中宝戴梦德投资股份有限公司（以下简称辛方）合资设立上海钻石交易所有限公司（以下简称合资公司），同

— 1 —

上海钻交所设立文件

新世纪开端，随着上海钻石交易所的成立，很多有利于珠宝行业规范发展的组织、机构在政府批准下得以建立，为规范行业秩序、领航产业发展奠定基础。

2001年9月，国家珠宝玉石质量监督检验中心深圳实验室在投资大厦挂牌成立。2002年，深圳出入境检验检疫局珠宝玉石检测中心亦成立，这是由国家质量监督检验检疫总局授牌成立的国家珠宝重点检测实验室，也是中国合格评定国家认可委员会（CNAS）、国家计量认证（CMA）认可的实验室。珠宝检测机构的相继成立，为珠宝企业检测业务带来便利的同时，也为行业发展做出积极贡献。

2001年12月，上海钻石交易所联合管理办公室和比利时钻石高阶层议会（HRD）召开"中国比利时国际钻石研讨会"，会议指出，我国对钻石进出口管理和税收政策进行重大调整，钻石（包括钻石毛坯和未镶嵌成品钻）进口免征关税；对全国钻石进出口实行集中管理，归到上海钻石交易所一个"屋檐"下办理有关手续。专家表示，此举对我国钻石业走上良性循环发展轨道起到促进作用。

—
2001年
国家珠宝玉石质量监督检验中心
深圳实验室成立
—

2001年12月,"中国比利时国际钻石研讨会"举行

继上海钻石交易所成立之后,2002年10月30日,上海黄金交易所(简称上海金交所)亦正式运营。作为中国黄金市场开放的重要标志,上海黄金交易所的成立,全面实现了中国黄金生产、消费、流通体制的市场化。在此之后,中国人民银行停止金银配售业务,并在较短时期内停止了金银收购,实现了金银价格完全由市场调控。对于黄金消费占据珠宝全品类消费一半以上的中国珠宝市场而言,黄金市场的全面开放,在进一步刺激了消费行为的同时,也为行业的蓬勃发展注入力量。自此之后,黄金珠宝企业、品牌、店铺,便如雨后春笋般涌现出来。

这一时期,诸多深圳珠宝业领军品牌得以快速发展崛起。2002年,雅福珠宝正式创立品牌,在打破常规的理念指引下,不断在制造设备、生产技术、生产工艺端进行创新突破,逐步发展成为一家现代化大型珠宝首饰综合性企业。而成立于1999年的意大隆,也借助这一时期的行业发展优势,于2002年创办工厂,秉承"质量求生存"的发展原则,逐步实现集约化、专业化、精细化发展。

历史事件

- 2000年9月14—17日，首届深圳国际珠宝展览会盛大举办

深圳国际珠宝展览会

- 2000年10月27日，上海钻石交易所成立

上海钻石交易所成立大会

- 2002年10月30日，上海黄金交易所正式运营

上海黄金交易所正门

二、盛业崛起　势如破竹

2003年3月，国务院颁布《国务院关于取消第二批行政审批项目和改变一批行政审批项目管理方式的决定》，取消金银珠宝经营审批制，规定企业可自主向所在地工商部门注册登记，从事金银珠宝业的经营。同年5月，中国人民银行也取消了经营金银制品许可证制度，停止包括黄金制品生产、加工、批发、零售业务在内的26项行政审批项目。这些振奋人心的举措，标志着国家从管理体制上实现了黄金、白银等贵金属及其制品市场的全面开放，自此之后，国内自然人可以注册生产、批发和零售黄金珠宝；而国际企业则只需在中国当地市场购买黄金，便可自由在中国开展黄金珠宝生产、批发和零售业务。好消息接二连三，在中国铂金消费全球第一的大背景之下，同年8月，铂金正式在上海金交所挂牌交易。

中国珠宝首饰原料和制品从流通体制上全面步入市场经济轨道。应当说，这些政策与规章的全面实行，标志着中国珠宝市场全面告别计划经济时代，中国珠宝行业也真正进入了发展的"黄金十年"。

千禧年之后，国际珠宝市场同样有大动向。2002年11月，为了维护非洲地区的和平与稳定，联合国通过了《金伯利进程国际证书制度》，禁止进口未附有金伯利进程成员签发证明书的毛坯钻石，同时，也禁止向非金伯利进程成员出口毛坯钻石。在此基础上，2003年，深圳出入境检验检疫局在沙头角口岸大楼设立了深圳首个"金伯利国际认证"手续审验机构，办理进口毛坯钻石的《金伯利进程毛坯钻石证书》或出口毛坯钻石的《中华人民共和国金伯利进程毛坯钻石证书》，杜绝不法钻石交易。同年8月9—10日，国内32家钻石加工企业及钻石贸易企业代表聚首青岛召开中国钻石厂商协会2003年度会议。自此之后，深圳珠宝企业都需在沙头角检验检疫局申请"金伯利进程国际证书"方可进出口钻石，行业发展因此得到进一步规范。

这一时期，经过高速发展的深圳珠宝行业取得了令人瞩目的成就，而在竞争日益激烈的状况下，布局市场、抢占渠道，便成了企业的发展要务。作为中国珠宝产业的核心基地，此时的深圳水贝迫切需要专业的交易平台来为集聚于此的珠宝企业提供采购、交流、信息互通的渠道。

2004年4月15日，深圳珠宝界标志性批发、直销市场——水贝国际珠宝交易中心隆重开业。这个由雅诺信创建的专业化平台，为海内、外各地珠宝采购商和消费者提供了一个大型的"一站式"采购场所。应当说，水贝国际珠宝交易中心的正式运营，标志着深圳珠宝产业正式与国际珠宝市场接轨，深圳珠宝业在扩大经营销售方面也迎来了一个新的发展机遇。

水贝国际珠宝交易中心成立后，各种生产要素迅速朝向已然发展成熟的深圳水贝汇合，政府也从政策上大力扶持珠宝行业。一直到2006年前后，伴随珠宝消费市场的持续旺盛，水贝片区已然呈现出一派集珠宝设计、生产、加工、批发于一体的高度繁荣景象。水贝周边诸多建材石材城，也陆续被改建为金银、玉器、宝石等大小不一的专业交易场所。

此时期的深圳珠宝企业，由于受到更为先进的国际理念影响，并不局限于单纯的生产、加工、批发，亦在研发、创意方向开始发力。一大批珠宝企业根植于水贝沃土，专注于设计、

中国钻石厂商协会 2003 年度会议

参观水贝国际珠宝交易中心
的人群摩肩接踵

精工、新工艺的研发，多年来一直推陈出新，赋予珠宝全新的定义，给消费者带来新的佩戴体验，为行业创作了诸多令人惊艳的作品。

2006年7月15—17日，由国家商务部组织倡导"品牌万里行"活动来到深圳，安盛华、吉盟、翠绿、宝福、粤豪、百泰、福麒、富理、千禧之星、真牌等一大批知名的珠宝品牌集中接受了随团记者以及行业媒体的采访。在采访中，包括中央电视台、光明日报、中国青年报、人民网、南方日报在内的众多主流媒体对深圳珠宝产业有了更直观的认识；而众品牌的集体亮相，也对打响"深圳珠宝"这个区域品牌起到极大的促动作用。

"品牌万里行"活动中，众多知名品牌集中接受采访

溯源篇

历史事件

- 2003年5月，中国人民银行取消经营金银制品许可证制度

- 2003年，沙头角口岸大楼设立了深圳首个"金伯利国际认证"手续审验机构

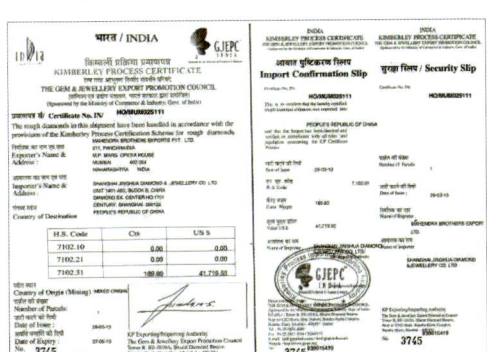

早期金伯利国际证书

- 2004年4月，中国第二家珠宝专业采购平台——深圳水贝国际珠宝交易中心成立，标志着深圳珠宝产业正式与国际珠宝市场接轨

深圳水贝国际珠宝交易中心

三、奋楫扬帆　再创辉煌

2003年10月，深圳市人民政府印发《关于支持发展产业集聚基地的若干意见》，对发展产业聚集地做出了政策上的支持。2004年8月，深圳市黄金珠宝产业集聚基地于水贝－万山工业区正式挂牌成立，这标志着深圳珠宝产业向着规模化、集约化、品牌化发展的道路迈进。从此，深圳珠宝产业全面进入了崭新的发展阶段。

深圳市珠宝产业集聚基地核心区位于罗湖水贝－万山工业区，面积56.63万平方米。自20世纪90年代中后期开始，经历多年的深度发展，产业逐渐聚集成型。在深圳市委、市政府、罗湖区委、区政府的支持之下，深圳市黄金珠宝产业聚集地快速成长为一个聚集效应明显、影响力日益扩大的珠宝基地。2005年，聚集地被广东省经贸委授予"广东省黄金珠宝产业集群升级示范区"称号；2006年，聚集地被中国珠宝玉石首饰行业协会和国土资源部珠宝玉石首饰管理中心联合授予"中国珠宝玉石首饰特色产业基地"称号。同年，为了彰显珠宝产业文化特色，第二届中国（深圳）国际文化产业博览交易会首次设立水贝珠宝分会场，着力推动珠宝产业文化建设，集中呈现深圳珠宝文化力量。

溯源篇

2005年水贝万山珠宝园

 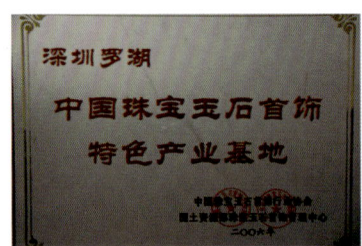

广东省黄金珠宝产业集群升级示范区　　中国珠宝玉石首饰特色产业基地

在黄金珠宝产业聚集地建设和规划过程中，建设名牌企业、推动品牌战略也是至关重要的环节。2004年，经过中国珠宝玉石首饰行业协会近4年的奔走呼吁，中国名牌战略推进委员会几经磋商讨论，终于同意将黄金珠宝首饰列入2004年中国名牌产品评价目录。自这一年开始，金银首饰加工企业得以批准申报"中国名牌产品"称号。2004年，深圳4家企业赢得我国珠宝首饰业的首批"金牌"——"中国名牌产品"称号。在珠宝行业品牌培育如火如荼的背景下，深圳市黄金珠宝产业集聚基地也取得丰硕成果。在政府大力引进、创建知名企业政策的推动下，聚集地内名牌企业荟萃云集，截至2016年，荣获"中国名牌产品"称号的珠宝企业计26家，占全国珠宝行业中国名牌总数近半壁江山，荣获"广东省名牌产品"称号的珠宝品牌计36个，此外，还有24家珠宝企业认定为"中国驰名商标"。

在此背景下，推动名牌战略发展自然成为亟待解决的问题。同年5月，深圳市质量技术监督局和罗湖区政府组织召开"罗湖区争创名牌产品动员大会"，号召辖区企业以市场为导向、以质量为基础，通过自主创新，强化自有品牌经营，造就更多名牌产品。同年11月，罗湖区政府亦组织召开珠宝行业名牌战略研讨会。这些措施都进一步加大了实施名牌带动战略的力度，鼓励珠宝企业将争创名牌产品与产业结构调整、自有技术创新和管理创新有机结合起来，推动行业发展。

2004深圳（国际）珠宝展上刚刚荣获"中国名牌"称号的深圳四大珠宝首饰名牌——
安盛华、爱得康、宝亨达、翠绿的负责人许锦池、郑焕坚、薛楚亮和黄炳标上台接受表彰

罗湖区珠宝行业名牌战略研讨会

罗湖区争创名牌产品动员大会

获得名牌和驰名商标、著名商标企业列表

获"中国名牌"企业	安盛华、百爵、百泰、宝福、宝怡、翠绿、福麒、富理、甘露、鹤麟、吉盟、金大福、金象、晶永恒、千禧之星、同心、星光达、雅福、雅诺信、姚氏、意大隆、艺华、粤豪、周大金、周大生、钻之韵
获"广东省名牌"企业	爱迪尔、百爵、百泰、宝福、宝怡、翠绿、福麒、甘露、吉盟、金大福、金嘉福、金龙、金雅艺、千禧之星、瑞麒、同晖、同心、缘与美、粤豪、周大金
获"中国驰名商标"企业	爱迪尔、安盛华、百爵、百泰、宝福、宝怡、翠绿、福麒、甘露、吉盟、金大福、金象、千禧之星、雅福、缘与美、周大生
获"广东省著名商标"企业	安盛华、百爵、百泰、宝怡、翠绿、福麒、甘露、金大福、金象、仙路、雅诺信、意大隆、粤豪

♣ 以上企业按首字母拼音顺序排序

在全体一致打造品牌的良好势头中，深圳珠宝企业普遍意识到品牌的重要性，全面向改革迈进。这一时期内，深圳珠宝企业首推品牌打造、品牌推广、品牌加盟模式，领先优势一再彰显。2001年，行行行珠宝邀请知名节目主持人孟广美担任其品牌形象代言人，首开珠宝品牌代言先河。此后，明星代言宣传推广的方式逐步成为珠宝品牌开拓市场的重要手段。2004年，以品牌加盟闻名全国市场的周六福珠宝创立，并坚定不移地走品牌之路，这也使其在日后成为独树一帜、标新立异的企业。

品牌创建热烈展开的同时，研发创新也有不俗进展。2006年，瑞麒珠宝将战略眼光聚焦于彼时仍为空白的时尚黄金领域，创造性地推出了具有划时代意义的、全新工艺的"酷gold"时尚黄金首饰，开创了时尚黄金的新时代。

与此同时，政府、行业协会也通过举办各种活动，调动企业、从业者积极性，将视野更多聚焦至研创、设计层面。2006年12月8日，第一届深圳市罗湖珠宝"先锋奖"国际创意设计大赛由水贝珠宝有限公司协同中宝协、区政府、深宝协联合举办。以提升国内珠宝行业的设计水平和创新意识为主旨，该活动大大加强了国际珠宝行业的交流与合作，提高了珠宝首饰设计水平，促进了珠宝文化的发展，也更好地展示珠宝首饰的时尚风采。

这一历史时期，行业内最为瞩目且对后期影响深远的事件，莫过于实行了10年、以征收金银饰品消费税"转环节、降税率"为目标的"四联单"（"四联单"即《金银首饰购货（加工）管理证明单》的简称，是1995年为贯彻执行[1994]267号文《国家税务总局关于印发〈金银饰品消费税征收管理办法〉的通知》，实施由财政部、国家税务总局关于金银饰品消费税征收"转环节、降税率"的调整方案。结合当时金银市场生产、销售的实际情况，配套推出了"产销制约"的《金银饰品购货（加工）管理证明单》管理办法。在当时这一票据证明单管理办法的实施，对于稳定消费税税基,避免消费税流失,保护生产批发企业的利益起到了积极的作用)正式宣告取消。这一时期,随着金银饰品流通环节政策的调整,特别是上海华通白银交易市场的运行和上海黄金交易所的启动,以"产销制约"的《金银首饰购货(加工)管理证明单》不再适宜新的金银首饰流通体制。2005年,国税总局下发"国税函"文件,批复并同意北京市国税局《关于停止执行〈金银首饰购货(加工)管理证明单〉使用规定的请示》,自此,困扰金银生产加工企业多年的瓶颈问题得到解决,金银饰品流通环节进一步合理。

　　统计显示,截至2006年,深圳市注册的各类珠宝企业约2100家,其中镶嵌首饰企业约700多家,注册品牌约2200个,全行业制造加工总值超过500亿元人民币,进出口总额超过80亿元人民币,从业人员约11万人。深圳市珠宝首饰制造加工总额占到全国珠宝市场的70%以上,黄金加工用量占到上海黄金交易所全年成交量的90%;钻石加工用量占到上海钻石交易所的90%;铂金加工用量占到上海黄金交易所的90%。此时,深圳已经发展成为名副其实的中国珠宝制造中心和交易中心。

首届深圳市罗湖珠宝"先锋奖"
国际创意设计大赛

历史事件

- 2001年，行行行珠宝邀请知名节目主持人孟广美担任其品牌形象代言人，首开珠宝品牌代言先河

- 2004年8月，深圳市黄金珠宝产业集聚基地在水贝–万山工业区正式挂牌成立

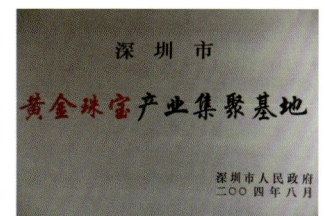

深圳市黄金珠宝产业集聚基地正式挂牌成

- 早期珠宝品牌形象代言人

爱迪尔珠宝聘请形象代言人新闻发布会

- 2005年，国税总局下发"国税函"文件，"四联单"正式宣告取消

- 2006年，第二届中国（深圳）国际文化产业博览交易会设立水贝珠宝分会场

第二届文博会水贝珠宝分会场开幕式

四、锐意进取　勇往直前

产业的快速发展离不开政府的大力扶持，这一时期，深圳市、罗湖区两级政府制定了一系列优惠政策，投入了大量的人力和物力，专注于促进深圳珠宝产业发展。深圳市专门建立了产业集聚基地建设联席会议制度，同时成立了集聚基地专家咨询委员会，为集聚基地的规划发展提供咨询意见。而罗湖区也成立了相应管理机构，负责统一协调集聚基地的开发建设、制定产业规划、引进总部企业、管理集聚基地日常事务等工作。

2005年7月，罗湖区政府斥资邀请美国易道环境规划设计有限公司对集聚基地进行专业规划，精心打造"水贝珠宝项链街区"。根据项目定位，设计出研发教育、服务休闲、商业零售、时尚饰品发布、珠宝展示、工厂加工、文化娱乐等7个节点。随后，深圳市、罗湖区两级政府先后投入1.48亿元用于具体的环境改造，落实设计规划，建立黄金步道广场、水晶广场、翡翠里、婚庆阁、庆典坡等多个珠宝场地，对园区内的建筑外立面重新进行装饰美化，令整个区域面貌焕然一新。此时，水贝珠宝项链街区拥有1400多家各类珠宝企业，形成了以产品研发设计、生产加工、展览销售、文化传播等一条龙式的产业经营服务体系。以水贝国际珠宝交易中心、水贝珠宝产业配套中心、金丽国际珠宝交易中心等交易平台为核心，以万山珠宝园等工业园区为支撑，以广大珠宝企业为根基的珠宝文化创意产业集群，水贝珠宝项链街区成为中国珠宝产业与国际珠宝业界交易、交流的主要枢纽，同时也是中国与国际珠宝文化接轨、融合最重要的窗口。

资金的投入以及工作重心的转移,成为这一时期深圳珠宝行业发展的重点。2006 年,深圳市甘露珠宝首饰有限公司、深圳市宝福珠宝首饰有限公司、深圳市吉盟首饰有限公司、深圳市百泰珠宝首饰有限公司、深圳市翠绿珠宝首饰有限公司、深圳市龙嘉珠宝实业有限公司 6 家珠宝企业同中国建设银行深圳分行签订贷款合同,联合向银行申请授信,联合对贷款提供担保。"联贷联保"这种新模式的诞生,标志着深圳银行业和珠宝业合作成为现实,为珠宝行业融资难的问题提供了解决办法,也为其他行业提供了借鉴。2008 年,深圳市、罗湖区政府特别设立专项资金,采用贷款贴息和补贴的形式,鼓励珠宝企业进行技术改造和建设公共技术与信息化平台;2009 年,罗湖区政府拨出 5000 万元产业作为发展资金,专项扶持珠宝行业发展,致力于提高自主创新能力;此外,也斥资建立珠宝产业公共设计研发中心,亦着力打造"深圳珠宝"区域品牌。

2007 年 2 月,在深圳市"全市贸易工作会议"上正式提出打造"深圳珠宝"区域品牌,开展区域品牌的研究、规划、培育和保护工作。2008 年 3 月,于全行业征集"深圳珠宝"区域品牌标志(标识);4 月,《深圳珠宝区域品牌规划》课题小组成立,制订了《深圳市珠宝产业区域品牌 2008 年至 2012 年发展总体规划》,以此作为深圳建设珠宝区域品牌、打造"深圳·中国珠宝品牌之都"的指导性文件;7 月,深圳市贸易工业局、罗湖区政府、深圳市黄金珠宝首饰行业协会等单位共同发起组建"深圳市珠宝区域品牌促进委员会";9 月 13 日,在 2008 深圳国际珠宝展览会开幕晚宴上,"深圳珠宝"区域品牌启动仪式隆重举行,首批入围企业有 3 家。长远来看,"深圳珠宝"区域品牌的启动,是深圳珠宝业从"制造"迈到"创造"的重要一步,也为其打造世界级珠宝产业中心奠定了坚实基础。

2008年"深圳珠宝"区域品牌促进委员会
在市民中心会议室举行第一次全体委员会议

"深圳珠宝"区域品牌启动仪式

2008深圳国际珠宝展上的"深圳珠宝"区域品牌精品展示

一直以来，作为中国珠宝产业龙头城市的深圳，点滴动态便能聚焦无数目光。2007年2月，由深圳市政府、中国珠宝玉石首饰行业协会、国土资源部珠宝玉石首饰管理中心主办，罗湖区政府承办的2007中国珠宝产业发展论坛暨首届中国珠宝产业（深圳）高峰会举行，来自全国各地的黄金珠宝产业集聚地负责人、专家学者以及黄金珠宝企业家齐聚一堂，共同探讨中国黄金珠宝产业的发展。时任中国珠宝玉石首饰行业协会会长的孙文盛先生，对深圳市委、市政府和罗湖区委、区政府为推动我国黄金珠宝行业的大发展所做的卓有成效的工作表示赞许，他表示，深圳罗湖水贝项链街区已然成为全国最具活力和辐射力的黄金珠宝产业聚集基地。同年4月9日，由深圳市黄金珠宝首饰行业协会、深圳市安华投资发展有限公司发起，深圳市人民政府、罗湖区人民政府、中国珠宝玉石首饰行业协会主办的首届"深圳珠宝节"拉开帷幕，在这场全民狂欢的珠宝盛宴中，主办方与商家举办了多项、多种形式的优惠活动，而普通市民及专业买家也趁此良机享受到了深圳珠宝产业优势带来的实惠。首届"深圳珠宝节"的举办，提升了深圳珠宝的影响力和知名度，对加快深圳乃至全国珠宝产业的发展意义深远。

　　大力的投入自然换来丰硕的成果，2007年12月13日，在深圳市人民政府主办的名牌产品、驰名商标表彰大会上，9家荣获"中国名牌产品"称号以及4家荣获"中国驰名商标"的珠宝企业被突出表彰，凸显了黄金珠宝业作为深圳市传统支柱型产业的重要地位。这一年，缘与美公司历经两年时间成功研发部件式镶口首饰"莲花钻石"，这种由多粒钻石和贵金属镶嵌组合而成的单个镶嵌部件获得国家发明专利，享有"中华第一钻"美誉。而始创于1993年的赛菲尔，也在这一年自主研发

"无焊料焊接技术",将黄金饰品纯度提升至999.9‰,荣获"中国黄金协会科学技术一等奖"。同年,始创于2001年的福麒珠宝于美国敲钟上市,成为中国大陆首个在美国纳斯达克(NASDAQ)上市的珠宝企业,并以每股9美元的价格首次发行超过800万股,得到了国际顶级资本市场的认可和热捧。2008年,仙路珠宝在莱百商场的支持下,推出"玺盈门"碧玺系列产品,令这一品类开始受到消费者的关注,并自此点燃碧玺市场持续旺销的火焰,此后几年间,碧玺价格亦水涨船高。

2007年9月13日,由深圳市黄金珠宝首饰行业协会、深圳市珠宝首饰研究开发推广中心信息中心、深圳市泽木文化传播有限公司及深圳珠宝网联合举办的首届中国珠宝电子商务论坛在深圳会展中心举行,这是中国珠宝业界首个以电子商务为主题的论坛,它的举行,为中国珠宝行业新形势下的营销战略指出了一条光明通道。

首届"深圳珠宝节"
新闻发布会

创建科学有效的行业秩序，标准的制定同样不可或缺。2007年7月10日，由深圳市质量技术监督局罗湖分局和深圳市标准技术研究院历经半年多时间共同编制完成的《深圳市珠宝行业技术标准体系》（简称《标准体系》）通过了专家评审会评审。专家评审表示，《标准体系》选择了深圳市珠宝行业范围内应该制定和实施的技术标准，全面收录了深圳市珠宝行业涉及的国家标准、行业标准、地方标准，ISO、国家电工委员会（IEC）、国际电信联盟（ITU）或ISO认可的其他国际标准，以及常用的国外专业团体标准、先进国家的国家标准，并按其内在联系形成了科学的有机整体。作为我国珠宝行业制定的第一个技术标准体系，该体系对于中国珠宝业发展具有积极意义。

2008年起，深圳市政府亦组织支柱型珠宝企业着手筹备成立企业标准联盟相关工作，并于2009年2月12日宣布成立深圳市贵金属及珠宝玉石饰品企业标准联盟（MJSU）。首批联盟企业有百泰、星光达、宝福、翠绿、甘露、宝怡、吉盟等7家企业的负责人出席了在深圳市民中心召开的标准联盟成立大会，共同审核并通过联盟章程，签署联盟协议。会议推选深圳市百泰珠宝首饰有限公司为首届秘书长单位。

在深圳珠宝产业自制造向创造的转型升级进程中，除却对研创、推广端的大力投入，人才的培养与输送也是重点工作。统计显示，2007年，深圳近20万的珠宝从业人员中管理人员占比6%，技术设计人员占比2%，具有研究生及以上学历占比0.21%，具有本科学历的占2.99%，92%的一线从业人员为初中、高中毕业的外来务工人员，高技能人才缺口在40%左右。人才短缺，特别是中高级管理人才、市场营销人才和熟练技术工人普遍短缺会妨碍行业的长足发展。

溯源篇

首届中国珠宝电子商务论坛

《深圳市珠宝行业技术标准体系》会议

第一个在 NASDAQ 上市的中国珠宝公司

本着培养专业人才的目的，政府、行业协会组织深圳珠宝企业同中国地质大学（北京、武汉）、北京大学、上海同济大学、桂林理工大学、河北地质大学、成都理工大学等院校、科研机构以及培训机构达成合作，致力于为深圳珠宝行业源源不断输送人才。2009年，金丽国际珠宝交易中心与深圳技师学院（深圳高级技工学校）携手共建"产学研基地"，更是为产学研一体搭建起互通的宽广平台，开创珠宝产业领域"校企合作"的新局面。

2008年始，来势汹汹的国际金融危机冲击了全球市场，却并未对深圳珠宝业造成过于严重的影响。一方面，国际态势的严峻令珠宝企业、品牌开始慎重思考转型问题，纷纷于研创端引进先进制造工艺和设备，联动文化创意产业，促进持续性发展；另一方面，由政府、协会主导的一系列具有针对性的活动，也令行业氛围尤为活跃。

2008年1月20日，中国工商银行股份有限公司深圳市分行与深圳市黄金珠宝首饰行业协会签署《珠宝行业金融战略合作协议》。这是继2006年珠宝行业优秀企业联合发起成立深圳市银联宝融资担保股份有限公司之后，银企合作的又一创举。一直以来，由于深圳珠宝行业发展历史短、积累信用不足，以及深圳珠宝企业多为中小型企业等原因，融资困难成为制约珠宝产业进行产业升级、规模扩张的瓶颈。而银联宝的成立、"黄金宝"珠宝企业金融服务解决方案的推出，则解决了制约珠宝企业发展壮大的融资难题，为企业提供全方位的金融服务。同年10月，安华投资公司与深圳发展银行深圳分行签署战略合作协议，为旗下企业金丽国际珠宝交易中心入驻的珠宝企业提供近 1 亿元人民币的融资担保。2011 年，水贝珠宝交易中心则与广发银行签署战略合作协议。各交易中心与银行的合作，亦不失为珠宝行业的一项金融服务创举。

2008 年 4 月 26 日，2008CHINA 中国国际珠宝设计大赛（后更名为：中国（深圳）国际珠宝首饰设计大赛）在深圳启动，以设计推动行业发展为主旨，大赛吸引到国内外诸多知名专业机构、行业人士及设计人才的参与。在来自意大利、日本、美国、比利时、韩国等国珠宝设计界的专家以及中国各大院校教授专家组成评委团的评定下，大赛最终于 9 月 13 日在深圳国际珠宝展览会欢迎晚宴上揭晓获奖名单并颁奖。而这一轰动性赛事，最终也成为闻名全国的两年一届的常态化设计比赛，持续为行业输送优秀设计人才与作品。

2008 年 12 月，中国第一家专业性彩色宝石产业交易平台——水贝珠宝·彩宝基地落成，该基地汇聚了世界各地优质有色宝石原料，各种产业配套服务齐全。这一基地的建成，细化了彩色宝石产业链，填补了专业的彩色宝石交易服务平台的空白，为中国彩色宝石行业的发展打造了宽阔的大环境。

历经近 30 年的产业发展，行业环境蒸蒸日上的同时，深圳珠宝业也培育出一批立足国内、放眼国际的优秀珠宝品牌。自 2006 年始，一大批中国珠宝品牌频频走出国门，迈向更广阔的国际市场。TTF、缘与美、丰沛、冠创等深圳品牌，先后进驻世界顶级展览——巴塞尔国际钟表珠宝展，于国际平台传播中国珠宝艺术、特色，更在交流互通中不断成长。

安华投资与深圳发展银行深圳分行签署战略合作协议

2008CHINA中国国际珠宝设计大赛颁奖典礼

2008年，水贝珠宝另一实体交易平台水贝珠宝·彩宝基地落成

值得一提的是，2008年4月，TTF珠宝成为百年来第一个进入巴塞尔珠宝展主展馆的中国企业，9月，亦进驻意大利维琴察珠宝展的国际品牌主展馆，为东方珠宝文化叩响西方时尚大门做出了贡献。

根据数据统计，截至2008年底，深圳注册珠宝企业约2120家，其中，珠宝生产加工企业约870家，约占总数的41%；珠宝批发贸易企业约650家，约占总数的31%；珠宝零售企业约220家，约占总数的10%；珠宝包装用品企业约120家，约占总数的5.7%；珠宝及其用品设计企业约90家，约占总数的4.3%；其他珠宝相关业务企业（包括珠宝设备生产、珠宝维修企业、专业市场、珠宝鉴定检测机构等）170家，约占总数的8%。

2009年4月28日，由深圳市贸工局、罗湖区政府、沈阳市商业局联合主办，旨在传播品牌优势，搭建供销平台，连接沟通纽带的"2009深圳珠宝中国巡展"在沈阳拉开帷幕，正式开启了"深圳珠宝"区域品牌巡展之路。36家深圳珠宝企业参加了此次巡展活动。活动期间，深圳珠宝企业与当地商家签订了总额达31亿元的黄金珠宝采购合同，充分展示了深圳珠宝的实力和魅力。此外，沈阳百年老字号萃华金店也规划投资3亿元，在深圳建设计、展示和批发基地，此举对深圳做强做大黄金珠宝产业具有重要意义。

在完成首秀后，2011年，区域品牌再次于沈阳进行巡展；2015年进军武汉；2016年亮相重庆。每一次巡展轰动当地市场的同时，也为深圳与各地珠宝界的交流和合作创造良好契机，加速了中国珠宝市场的发展。

2006年始,一批深圳珠宝品牌进驻巴塞尔国际钟表珠宝展

2009年区域品牌沈阳巡展

2016年区域品牌重庆巡展

历史事件

- 2005年7月，罗湖区政府精心打造"水贝珠宝项链街区"

水贝珠宝项链街区

- 2007年2月，2007中国珠宝产业发展论坛暨首届中国珠宝产业（深圳）高峰会在深圳举行

2007中国珠宝产业发展论坛暨首届中国珠宝产业（深圳）高峰会

- 2007年4月9日,"首届深圳珠宝节"开幕

"首届深圳珠宝节"开幕现场

- 2007年,缘与美公司成功研发部件式镶口首饰"莲花钻石",享有"中华第一钻"美誉

中华第一钻

- 2008年4月26日,2008 CHINA中国国际珠宝设计大赛在深圳启动

2008CHINA中国国际珠宝设计大赛评审会

- 2008年9月13日,"深圳珠宝"区域品牌启动仪式在会展中心隆重举行

——
"深圳珠宝"区域品牌启动仪式

- 2009年2月12日,深圳市贵金属及珠宝玉石饰品企业标准联盟(MJSU)成立

——
深圳贵金属及珠宝玉石饰品
标准联盟成立

- 2009年4月28日,"2009深圳珠宝中国巡展"在沈阳拉开帷幕

——
"深圳珠宝"区域品牌
沈阳巡展签约仪式

五、果敢开拓 创新时代

随着时间推移，房价攀升、生产成本进一步推高，深圳珠宝产业发展空间逐步受限。在此基础上，政府、协会引导、鼓励企业进行产业置换，腾笼换鸟，将生产端外迁，着重突出水贝设计、展示、交易功能。2010年4月20日，李朗国际珠宝产业园盛大封顶，为企业提供更多发展空间。随着宝福、翠绿、甘露、吉盟、星光达、周大金、越王、金利、瑞麒、富星、佳翠、真诚美、卡尼等一大批珠宝品牌、企业签约入驻园区，李朗国际珠宝产业园全面构建出一幅珠宝产业可持续发展的宏伟蓝图，而作为深圳珠宝产业集聚地的补充，它为深圳市珠宝制造产业的转移创造了更大的替换空间。

产业转型初见端倪的同时，珠宝市场也在一系列政策的推动下得以规范发展。2010年7月，中国人民银行、国家发展改革委、工业和信息化部、财政部、国家税务总局和中国证券监督管理委员会联合下发《关于促进黄金市场发展的若干意见》（简称《意见》），特别强调未来黄金市场发展要立足于提高我国金融市场竞争力，要进一步明确黄金市场的发展定位，要切实加强黄金市场服务体系建设，切实防范黄金市场风险和切实保护投资者利益。《意见》进一步明确了黄金市场未来发展的总体思路和主要任务。业界人士认为，此《意见》也改变了中国黄金市场固有的状态。

在市场规范成熟的基础上，从业者同样将规范经营作为约束自身发展的必备条件。2011年7月2日，40位企业家共同签署《深圳市黄金珠宝首饰行业制造批发诚信自律公约》，承诺维护全行业和消费者的合法权益，避免大打"价格战"的恶性竞争。深圳市黄金珠宝首饰行业协会（简称深宝协）深入20多家珠宝企业调查研究，综合分析国内外市场现状，先后征求40家企业意见及建议，分别召开两次常务理事会及多次专题研讨座谈会，并经常务理事会讨论通过该公约。

《深圳市黄金珠宝首饰行业制造批发诚信自律公约》制定了黄金、铂金、K金（素金）珠宝首饰制造加工基准成本价格，并于当年8月1日起实施。10月，为完善公约，深宝协赴大中小企业开展调查研究，起草"镶嵌类首饰加工费基准成本价格诚信自律条款"，并组织重点企业召开小型座谈会6次；12月23日，在协会第五届四次常务理事会上，专门就深圳市黄金珠宝首饰行业镶嵌类首饰加工费基准成本价格进行研究讨论，对条款进行补充并形成决议。

一分耕耘，一分收获。自2004年成立以来，10年间，深圳市黄金珠宝产业集聚基地法人企业数增长了4倍，从业人员

李朗国际珠宝产业园

数增长了7倍，营业收入增长了8倍，税收增长了40多倍。集聚地已由一个黄金珠宝加工生产基地升级为集设计、生产、加工、展示、检测、批发、销售及相关配套为一体的高端品牌荟萃地。2012年，深圳市黄金珠宝产业集聚基地荣获"深圳市外贸转型升级专业型示范基地"和"国家外贸转型升级专业型示范基地"称号。2013年9月1日，国家质量监督检验检疫总局正式批准罗湖区成为"黄金珠宝产业全国知名品牌创建示范区"，这也是全国首个黄金珠宝产业知名品牌创建示范区。2014年，国家工业和信息化部授牌集聚地成为"全国产业集群区域品牌建设时尚产业（黄金珠宝）试点地区"，这标志着深圳黄金珠宝产业迎来了更大的发展机遇。

2010中国(深圳)国际珠宝首饰设计大赛评审启动

2010年,"一展一节"强强联合

产业集聚转型成果丰硕，行业精彩活动也赢得不俗口碑。2010年6月24日，2010中国（深圳）国际珠宝首饰设计大赛全球新闻发布会暨启动仪式在香港会展中心举行。大赛以"蓝天·家园"为主题，希冀参赛者能够用珠宝的设计语汇传达出爱护环境、保护生态的良好意愿，全面体现珠宝行业心系社会的强烈责任感。

2010年，稳步迈入第11个年头的深圳国际珠宝展览会喜获"深圳经济特区成立30周年杰出品牌展"荣誉，成为深圳会展业的标杆。值得一提的是，这一年，发展中的深圳国际珠宝展览会更是突破传统，首次同以普通消费者为主要对象的深圳珠宝节同期举办。在"一展一节"的强强联合中，各项活动相互辉映，充分发挥深圳珠宝在展示交易和终端零售方面的优势，既向国内外专业买家提供一个良好的交易平台，也向深圳市民及国内外游客展示深圳珠宝的时尚之美。2011年，成功举办两届的中国（深圳）国际珠宝首饰设计大赛作为深圳市文体旅游局的11项重大赛事之一，也被深圳市设计之都推广办公室评为"深圳市2011年度优秀设计项目"。

在推动深圳珠宝向更广阔天地迈进的进程中，胸怀建设大计的诸多从业者同样不遗余力。2010年，中国商业联合会授予深圳市甘露珠宝首饰有限公司"中国K金第一家"的荣誉称号。在随后的几年中，深圳珠宝企业相继被授予"中国铂金第一家""中国珠宝镶嵌第一家"等称号，成为中国珠宝之都一张张靓丽的名片。

部分深圳珠宝企业所获荣誉

公司名称	获得荣誉
甘露珠宝	中国 K 金第一家
宝福珠宝	中国铂金第一家
星光达珠宝	中国珠宝镶嵌第一家
百泰首饰	中国黄金制造第一家
仙路珠宝	中国彩宝第一家
凯恩特珠宝	中国硬金第一家
艺星珠宝	中国硬金镶嵌第一家

2011 年 5 月 6 日，由深圳市黄金珠宝首饰行业协会和深圳市罗湖区总商会联合主办，深圳珠宝网承办的"2011 珠宝超级导购"全国选拔赛全面启动，旨在通过全方位的专业选拔，着重表现出珠宝导购（销售）的精神面貌，提升导购的销售技能、展示品牌价值的魅力，为珠宝行业更好更快的发展奠定人才基础。大赛得到全国各大珠宝品牌的热烈响应，并在 2012 年、2013 年连续举办，成为行业内轰动一时的盛事。

9 月 13 日，正福国际 Mall 开业庆典上，《商业水贝全球宣言》以带动水贝珠宝走向世界为目标，译成全世界通用的十多种语言向全球发布。水贝珠宝交易中心的十多家代表一起将象征《商业水贝全球宣言》（简称《宣言》）的旗帜插向特制的世界地图中，寓意"商业水贝"的时代强音将遍布全球。

正如《宣言》所称，"上承产业、下通企业，放眼全球，大戏即将盛装上演，序曲之妙，没有俗套，全是空前，舞台之大，没有观众，全是演员，兴致之高，没有落幕，开即永恒，我们有开幕的义务，却没有闭幕的权力，留下的只有精彩无限的商业空间。"在深圳珠宝行业持续向前的滚滚大潮中，在"工业水贝"向"商业水贝"进阶的不懈历程里，开即永恒，没有落幕！

2013珠宝超级导购大赛颁奖仪式

《商业水贝全球宣言》发布

历史事件

- 2010年4月20日，李朗国际珠宝产业园建成

— 李朗国际珠宝产业园 —

- 2010年6月24日，2010中国（深圳）国际珠宝首饰设计大赛全球新闻发布会暨启动仪式在香港会展中心隆重举行

— 2010中国（深圳）国际珠宝首饰设计大赛启动 —

溯源篇

- 2010年，深圳国际珠宝展览会荣获"深圳经济特区成立30周年杰出品牌展"荣誉

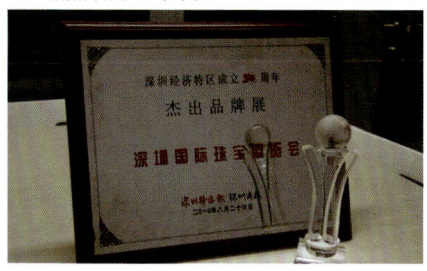

——
深圳国际珠宝展览会荣获"深圳经济特区成立30周年杰出品牌展"荣誉
——

- 2010年9月15日，2010深圳国际珠宝展览会、2010深圳珠宝节强强联合，同期盛大开幕

——
"一展一节"强强联合盛大开幕
——

- 2011年7月2日，《深圳市黄金珠宝首饰行业制造批发诚信自律公约》签约仪式举行

——
《深圳市黄金珠宝首饰行业制造批发诚信自律公约》签约仪式
——

89

- 2012年，商务部授予罗湖珠宝基地为"国家外贸转型升级专业型示范基地"

国家外贸转型升级专业型
示范基地

- 2013年9月1日，国家质量监督检验检疫总局正式批准罗湖区成为"黄金珠宝产业全国知名品牌创建示范区"

黄金珠宝产业全国知名品牌
创建示范区

- 2014年，国家工业和信息化部授牌深圳市黄金珠宝产业集聚基地成为"全国产业集群区域品牌建设时尚产业(黄金珠宝)试点地区"

全国产业集群区域品牌建设时尚
产业（黄金珠宝）试点地区

发展沿革
DEVELOPMENT EVOLUTION

第四节

产业赋能
创新格局

2012—2021年

在经历一段时期的高速增长后，中国珠宝行业于 2014 年出现转折，整体下滑，市场供给渐渐呈过剩态势。实体经济发展相对放缓，明显作用于消费市场，具体到珠宝行业，最直接的体现便是购买力下降。2015 年起，珠宝专卖店、卖场中消费者的购买热情逐渐退却，往日客流如云的好景不复重现，部分珠宝品牌开始关店，一些珠宝展会的客流量也相继出现下滑迹象。

这一时期，随着经济发展步入新常态，深圳珠宝业也进入全新调整阶段，高速发展转向中低速发展，低端产能过剩、高端需求难以满足、创意设计不足、产品同质化严重、资金需求大、行业融资困难等问题突出呈现，供给侧结构性改革势在必行。

有鉴于此，2016 年下半年，深圳市罗湖区政府根据实际情况制定了水贝－布心片区珠宝供给侧结构性改革策略方案。根据方案，片区将致力于打造成为"创新·智造·文化"多元复合的国际珠宝时尚创意城区，推动产业由制造中心向"智造"中心转型，由量的增长向质的提升转变，由工业制造向消费品牌转变，由规模生产向高端定制转变，由国内龙头向国际知名转变，全面促进产业向智能化、规范化、品牌化、专业化和国际化方向发展。在实际规划中，要重点打造"一基地、四中心"，即总部聚集基地、设计研发中心、智能制造中心、品牌运营中心、展示交易中心。这一系列改革措施，指明了深圳珠宝产业转型发展新方向。

一、转型升级　砥砺前行

一直以来,消费市场的持续繁荣令部分珠宝企业无暇顾及自身的提升,"批发走量""赚取微薄加工费"成为它们安身立命的关键。但繁荣时或可野蛮生长,一旦遭遇发展速度放缓、市场渐趋萧条时,便唯有倚靠"提升产品附加值"这根"救命稻草"了。

2013年3月15日,国内两家知名珠宝企业被中央电视台3·15晚会曝光千足金首饰成色不足,引发轩然大波。"千足金门"后,珠宝行业人人自危,商家担心顾客对千足金不再信任;另一方面,更多企业加大检测力度,确保产品质量。2013年4月12日,金价下跌,跌破1500美元/盎司,创下30年来单日跌幅之最。一时之间,金价的暴跌点燃了市场的消费需求,全国各地的购金热潮一直持续到6月末金价再度下挫之时。但于珠宝企业而言,金价的下跌虽是让零售商卖断了货,所得利润却远不足以填补价格下跌造成的损失,这着实令人叹息。2014年11月,全国首饰标准技术委员会通过了对强制性国家标准《首饰　贵金属纯度的规定及命名方法》的修改,并于2016年正式取消消费者熟知的金饰品"千足金"称谓。"新国标"中,剔除首饰中"千足金(银、铂、钯)"等标准,明确足金(足银、足铂、足钯)成为贵金属首饰最高纯度。种种事件、多重环境综合作用之下,珠宝企业、从业者得以认真思考抛却材质,是什么能够赋予珠宝真正的价值与意义。

2016年，金饰品"千足金"称谓正式取消

市场动荡起伏，行业也新鲜事不断。这一时期，香港珠宝品牌开始扎堆在内地建厂，港商亦加速于内地的产业布局。2014年，位于深圳盐田的周大福集团大厦落成，拥有85年历史的华人第一珠宝品牌，看中内地市场，不断扩展在中国内地的研发、生产、配送、零售业务，满足日益增长的消费需求。

同样在这一时期，消费市场的日益成熟使得珠宝品牌企业稳步发展的同时，开启了朝向资本市场大步迈进的步伐。2014年11月4日，萃华珠宝上市，迈出了企业发展道路上具有里程碑意义的一步。2015年1月22日，爱迪尔珠宝于深圳证券交易所（简称深交所）敲响上市之钟，成为深圳第一家IPO上市珠宝企业。在先行者继往开来的成功之下，诸多国内黄金珠宝企业主动寻求上市，接受严格的监管经营和管理模式，一定程度上，也反映出当前国内品牌珠宝企业寻求正规化发展的坚定态度。

溯源篇

历史事件

- 2013年3月15日，"千足金门"事件

2013 年 3·15 央视曝光"千足金门"

- 2013年4月12日，金价下跌，跌破1500美元/盎司，创下30年来单日跌幅之最

- 2014年11月，全国首饰标准技术委员会通过了对强制性国家标准GB 11887—2012《首饰 贵金属纯度的规定及命名方法》的修改

- 2014年，盐田区周大福集团大厦落成

盐田区周大福集团大厦

- 2014年11月4日，萃华珠宝于深交所上市

萃华珠宝上市

- 2015年1月22日，爱迪尔珠宝在深圳交所敲响上市之钟

爱迪尔珠宝上市

二、战略调整　大有作为

2013年，由国家质量监督检验检疫总局批准的"黄金珠宝产业全国知名品牌创建示范区"内，共有38家企业建立了专门的研发设计部门，平均每家每年投入2000万元，拥有发明专利30多项、外观专利200多项。从政府、协会至企业，都投入大量人力、物力、财力于产业研创端，将升级转型贯彻到底。

2013年1月28日，首届深圳创意影响力评选结果揭晓。中国（深圳）国际珠宝首饰设计大赛凭借出色的组织力与轰动的影响力，荣获"十大创意影响力活动"第二名。此殊荣彰显出社会各界对珠宝创意设计企业及人才的高度重视与认可，同样也为大赛的持续辉煌积蓄了多重正能量。

原材料价格波动激烈、市场走势趋向多变，本着对整个珠宝行业负责的态度，建立科学可依的指数监测体系便显得尤为重要。2013年10月31日，在中国珠宝玉石首饰行业协会的支持下，由罗湖区政府投资建设的新型行业信息服务平台水贝·中国珠宝指数投入试运行。这个"3+1"架构的综合性指数体系，由价格指数、景气指数、产业发展指数及单独监测类指数构成，涵盖贵金属、宝石、玉石三大产品

中国（深圳）国际珠宝首饰设计大赛荣获"十大创意影响力活动"第二名

水贝·中国珠宝指数试运行启动仪式

种类，分4个层级48个细分类别，其中，黄金日批发价格指数每日生成，景气指数及成交量指数每月发布。毋庸置疑的是，珠宝行业数据库的成功搭建，对整合市场资源、服务珠宝企业，推动珠宝产业高端化发展，都起到了重要作用。

谈及2013年的珠宝市场，"中国大妈"抄底黄金市场事件不得不提。2013年，华尔街大鳄在美联储的授意下做空黄金，4月15日，黄金价格一天下跌20%，大量中国民众冲进最近的店铺抢购黄金制品，一买就是几千克，300吨黄金瞬间被扫，令整个华尔街为之震动。为此，《华尔街日报》甚至专创英文单词"Dama"来形容"中国大妈"，而"中国大妈"对黄金的购买力，也导致国际金价创下2013年内最大单日涨幅。

这段时期里，随着市场日益成熟，国家亦释放进一步开放的积极信号。2014年11月24日，中国政府网公布了国务院《关于取消和调整一批行政审批项目等事项的决定》，其中取消了个人携带黄金及其制品进出境审批，至此，这项执行了长达65年的行政审批项目终于退出了历史舞台。这项决定的颁布，意味着我国黄金市场发展水平等各项条件均已成熟，在规范的细则管理制定后，具有深厚黄金情结的中国消费者也将获得更多的便利和实惠。

市场成熟，行业进阶，专业化、特色化的行业机构亦随之成立、发声，表述业者建立秩序、塑造形象的决心。2013年5月18日，深圳珠宝首饰设计师协会由60多名知名独立珠宝设计师发起成立。这个由个人珠宝设计师组成的专业社会团体，将协会工作重点放在带动中国原创设计产品和服务进入国际市场，推动"中国制造"到"中国创造"的转变。设计师协会的成立，体现了深圳珠宝设计师群体对中国珠宝产业未来的自信，也为原创设计文化搭建广阔平台。

同年 9 月 11 日，30 多名"宝二代"齐聚深圳，发起筹建"中国青年珠宝商联谊会"（简称"青宝会"）。2014 年 8 月 28 日，"青宝会"在深圳成立，13 名创会会员分别来自百泰、宝亨达、银联宝、香港珠宝、赛菲尔、宝琳、金和缘、荟丰、钻之韵、艺华、百爵、华昌等 12 家企业。作为一个全国性、行业性、非营利组织，"青宝会"隶属中国珠宝玉石首饰行业协会，由珠宝界青年企业家、珠宝玉石首饰行业的企业接班人、珠宝界知名人士以及能够代表青年一代的主流价值取向、具备商业领袖潜质的珠宝行业从业人员自愿组成，期待逐渐担起发展企业、行业的责任，为社会做出贡献。

2014 年 9 月 13 日，在 10 家初创企业推动行业发展的期盼与愿景中，深圳市珍珠行业协会成立，以整合行业资源、规范行业经营、维护行业利益、发挥特产优势、壮大特色经济、打造深圳高端珍珠品牌为目的，协会希望充分发挥在珍珠企业单位与政府之间的桥梁纽带作用，共同促进深圳乃至全国珍珠行业全面发展。次年 3 月，协会公开发布国内首个珍珠行业自律公约，旨在规范从业者行为，营造公平竞争的良好环境，促进深圳市珍珠行业健康有序发展。

不破则不立，新生力量发声的同时，贵金属及珠宝玉石饰品企业标准联盟亦在 2013 年 7 月 12 日举行换届就职暨联盟委员会成立大会。截至 2017 年，标准联盟贡献包括在编的 3 项国家标准、6 项行业标准在内的 20 多项标准成果，成为了行业内特别是深圳珠宝最重要的标准化组织之一。在后续的发展中，也将继续号召成员共举标准大旗，共创行业未来。

成就需梳理，先进需表彰。2014 年 9 月 9 日，"水贝十年"颁奖典礼举行，该活动于 2 月启动，针对水贝珠宝产业聚集地 10 年发展成果、未来战略方向、产业定位、业态模式、区域经济发展等内容进行宣传报道，旨在对中国黄金珠宝产业的发展进程进行全景型的展示与思考。颁奖典礼上，一大批先进企业、个人受到表彰，全面阐释罗湖黄金珠宝产业转型升级机遇与挑战的《深圳罗湖黄金珠宝产业转型升级研究报告》也一并出炉。报告指出，要成功实现珠宝产业的转型升级，首先要明确功能定位，提升附加价值，其次要提高发展质量，促进规范经营。

《深圳市珍珠行业协会自律公约》签订

贵金属联盟换届就职暨联盟委员会成立大会

- 2013年5月18日，深圳珠宝首饰设计师协会由60多名知名独立珠宝设计师发起成立

深圳珠宝首饰设计师协会
正式成立

- 2013年10月31日，在中国珠宝玉石首饰行业协会支持下，由罗湖区政府投资建设的新型行业信息服务平台水贝·中国珠宝指数投入试运行

中国珠宝指数试运行
启动仪式

- 2014年8月28日,"青宝会"在深圳成立,13名创会会员分别来自百泰、宝亨达、银联宝、香港珠宝、赛菲尔、宝琳、金和缘、荟丰、钻之韵、艺华、百爵、华昌等12家企业

"青宝会"成立

- 2014年9月9日,针对水贝珠宝产业聚集地10年发展成果、未来战略方向、产业定位、业态模式、区域经济发展等内容进行宣传,首届中国黄金珠宝盛典暨"水贝十年"颁奖典礼举行

首届中国黄金珠宝盛典暨"水贝十年"颁奖典礼

- 2014年9月13日,以整合行业资源、规范行业经营、维护行业利益、发挥特产优势、壮大特色经济、打造深圳高端珍珠品牌为目的,带着10家初创企业推动行业发展的愿景,深圳市珍珠行业协会成立

深圳市珍珠行业协会成立

三、电商崛起 消费升级

2014年，受惠于智能手机普及率的持续快速增长，移动互联网消费呈现爆炸增长之势。这一年，天猫发布数据显示，消费者购买行为中，移动端支付占比42%。同时，也有越来越多的消费者愿意在电商平台消费珠宝产品，尤其是黄金首饰。根据统计，2014年，周大福在"双十一"期间黄金首饰成交达4173万元，占其总销售量的绝大部分。消费者消费习惯的迅速改变，也引来奢侈品大牌的跟随效应，2015年10月，卡地亚在中国正式开通电商平台，上线在线精品店。虽是稍显仓促，但能令"珠宝商的皇帝"如此放下身段，这无疑表明，电商的确是奢侈品牌未来销售的重要渠道。2015年"双十一"，除了钻石小鸟、珂兰等具有互联网基因的珠宝商，周大福、周生生等不少传统珠宝品牌亦在电商领域快速成长。尽管高客单价、低频、重体验的珠宝行业一度被认为是电商较晚才能攻入的堡垒，但伴随着网络支付成长起来的新一代消费者却为珠宝电商的爆发式增长提供了有力支撑，毫无疑问，新的时代毫不留情地到来了。

在深圳市场蓬勃发展过程中，深圳珠宝行业的从业者们，也在以实际行动繁荣着业态、整理着秩序。2015年8月1日，水贝壹号大厦封顶仪式举行，以其为标准，越来越多功能齐全、国际化、高品位的综合商务办公大厦在此后一一落成，为水贝珠宝园区带来崭新气象。水贝壹号大厦的顺利落成，不仅极大程度上改善了珠宝行业的销售、研发、培训、检测等配套办公条件，更为整个深圳市黄金珠宝产业的进一步发展搭建广阔的平台，注入了新的活力。2016年9月13日，宝福珠宝联袂国际铂金协会（PGI）、时尚传媒集团于深圳启动"全球铂金时尚联盟"，以引领创新、开放共享为准则，该联盟致力于铂金和铂金饰品的推广，开创铂金与时尚新领域，打造有竞争力的铂金产业链。

业态在业者主动性行为中有序发展的同时，政策规划也在这一时期更为有效地保证了行业与市场的成熟与稳定。2015年4月1日，我国首个规范黄金及黄金制品进出口行为的法律性文件《黄金及黄金制品进出口管理办法》（简称《办法》）正式实施，《办法》明确和放宽了申请黄金及黄金制品进出口的资格限制，有助于降低国内企业的用金成本，也有利于提高国内金市的海外参与热情，提升黄金定价方面的影响力。此《办法》的实施，亦对国内黄金生产企业及精炼企业的发展具有重要意义。

2016年4月19日，上海黄金交易所发布全球首个以人民币计价的黄金基准价格——"上海金"定价，这是中国黄金市场国际化发展的又一标志性事件。"上海金"的推出，使全球最大的黄金需求国有了以人民币定价的基准产品；使全球黄金行业形成了继"伦敦金""纽约金"之后又一黄金定价基准，同时，"上海金"对于提升中国在黄金定价领域的话语权具有决定性意义。自此，中国企业方能以"中国价格"打造属于中国的"黄金力量"。

2016年底，深圳市黄金珠宝首饰行业协会发布《2016深圳珠宝产业发展现状分析报告》，数据显示，截至2016年9月，行业拥有大小珠宝交易批发市场约22家，行业制造加工总产值约1500亿元，批发、零售贸易额约340亿元，产业队伍超过20万人。深圳全年黄金、铂金实物提货量，占上海黄金交易所实物销售量的70%；制造珠宝首饰成品钻的用量，占上海钻石交易所成品钻石一般贸易进口量约90%；国内有色宝石镶嵌首饰绝大部分是深圳制造；规模较大的翡翠镶嵌、玉石镶嵌制造企业几乎全部都在深圳；3D硬金制造加工、硬金镶嵌宝石首饰制造加工几乎也都以深圳为主。深圳依旧是名副其实的中国珠宝之都。

- 2014年"双十一"期间，珠宝热销品牌排行榜

① 周大福
② 珂兰
③ 佐卡伊
④ 周生生
⑤ 米莱
⑥ 潮宏基
⑦ 玉领
⑧ 果敢
⑨ 钻石谷
⑩ 周大生

2014 年"双十一"珠宝销售排名

- 2015年8月1日，水贝壹号大厦封顶典礼举行

水贝壹号大厦封顶典礼举行

历史事件

- 2016年9月13日,"全球铂金时尚联盟"在深圳启动

"全球铂金时尚联盟"
在深圳启动

- 2016年4月19日,上海黄金交易所发布"上海金"定价

2016年4月19日
"上海金"定价发布

四、行业改革 聚势共赢

2014年以来,"新常态"渐成热词,新的发展机遇逐渐出现。所谓"新",即是中国经济发展呈现与固有状态不同的特点——从高速增长转为中高速增长,经济结构不断优化升级,从要素驱动、投资驱动转向创新驱动。而在珠宝行业,针对产业短板、旨在提升资源配置效率的供给侧结构性改革,也在如火如荼地进行中。

2017年年初,罗湖区制定水贝－布心片区珠宝产业供给侧结构性改革策略方案,规划将水贝－布心片区打造成"创新·智造·品牌·文化"多元复合的国际珠宝时尚创意城区。方案提出:将实施包括智能制造示范工程、精品制造工程、品牌化建设工程在内的十大工程,促进珠宝行业增品种、提品质、创品牌,完善产业配套、优化营商环境、创新经营模式、提高产品品质,促进产业转型升级、高端发展。同时,也将着力推进智能化示范中心项目、珠宝知识产权保护策略研究及宣传推广项目、举办中国(深圳)国际珠宝首饰设计大赛活动等12个重点项目的进行。

根据罗湖珠宝产业的空间布局规划,水贝－布心国际珠宝时尚创意城区将形成"一带、双核、三区、大绿环"的整体产业空间布局及总体规划结构。"一带"即以珠宝元素为主体的全球独一无二的珠宝文化艺术大道;"双核"则为以规划片区为核心,集国内外知名珠宝企业,重点发展总部办公、品牌运营、展示交易、设计研发等产业链,配套珠宝艺术广场、珠宝博物馆、全球新品发布中心,创意体验式商业中心等公共设施的国际珠宝艺术中心,以及以粤海置地布心项目及布心工业区城市更新项目为依托,重点发展智能制造、高端精品制造、高级定制等产业链的布心智能高端制造中心;"三区"代表布心生态创新工业社区、水贝北珠宝产业集聚区、水贝南生态宜居配套社区；而"大绿环"则指围岭公园-洪湖公园-翠竹公园慢行生态城市绿环。

　　罗湖区政府及其经济促进部门表示，希望围绕去产能、去库存、去杠杆、降成本、补短板，推动水贝-布心片区珠宝产业转型升级，全面实现由制造中心向"智造"中心转变，由量的增长向质的突破转变，由规模效应向品牌效应转变，由粗放型向专业化转变，由国内龙头向国际影响转变，再度擦亮"深圳珠宝"金字招牌。

水贝-布心国际珠宝时尚创意城区

溯源篇

粤海置地布心项目

新常态迎来新发展，众望所归，政策的利好与推动犹如为行业腾飞插上伟大的翅膀，也令企业、业者更为活跃。

2016年11月，继上一年被评为"深圳市高新技术企业"之后，星光达珠宝再次喜获"国家高新技术企业"荣誉认证。这一认证的获得，不仅意味着业界对星光达研发实力的高度认可，更是对传统珠宝企业实现创新可持续发展、转型升级的极大鼓励。

2017年3月13日，水贝新地标——金展珠宝广场举办盛大开业典礼，刷新水贝新高度。一如罗湖区政府描绘的"让世界聚焦罗湖，让时尚引领深圳"图景，日趋高端、商业化的水贝珠宝片区，也逐渐为深圳珠宝业的集聚发展与辉煌未来铺垫背景、积蓄动能。

金展珠宝广场

特别值得一提的是,由深圳市罗湖区政府采用政府和社会资本合作(Public-Private Partnership,简称PPP)模式建设的深圳珠宝博物馆位于金展珠宝广场的三楼与四楼,它区别于传统博物馆,在"一馆一库三中心"定位基础上,突出"博产融合"的理念,更加注重与产业紧密结合,依托深圳珠宝产业优势,服务深圳珠宝产业发展,是具有国际一流水准、行业特色鲜明的珠宝博物馆。

同年3月,与金展珠宝广场同期璀璨亮相的,还有深圳·珠宝时尚周。作为由深圳市罗湖区政府、深圳市黄金珠宝首饰行业协会主办,深圳市泽木文化传播有限公司策划并承办的项目,该活动旨在促进行业深化转型，贯彻产业供给侧结构性改革方针；加强产需互动，刺激疲软市场；重视设计环节，助推设计师成长；促进行业转型升级，推动品牌发展；强化水贝优势地位，塑造"深圳珠宝"形象。2018年，深圳·珠宝时尚更是协同知名时尚媒体《时尚新娘》《芭莎珠宝》共同举办，"风尚新娘喜爱的珠宝品牌"活动，打造出一场跨越珠宝及婚庆界的时尚革命。在成功举办三届之后，如今，深圳·珠宝时尚周固定于每年九月亮相深圳国际珠宝展览会，搭建跨界合作平台的同时，也将"深圳珠宝"同"时尚"共冶一炉，绽放别样风采。

国内氛围热闹的同时，亦有一批蜚声国际的深圳珠宝品牌在异国他乡为中国珠宝正名。2017年2月8日，由巴黎中国文化中心、中外文化交流中心与深圳市大凡珠宝首饰有限公司（TTF）共同举办的"TTF中国生肖珠宝设计发布暨展览"在巴黎中国文化中心拉开帷幕。作为2017"欢乐春节"系列活动的收官展览，本次珠宝展在丰富"欢乐春节"内容的同时，更从时尚的角度展现了中华生肖文化的独特魅力。在一件件华美精品面前，法国来宾无不为如此巧夺天工的技艺而感到惊叹不已，情不自禁地表示出了对中国高级珠宝定制的浓厚兴趣。

9月，另一件盛事来自中国黄金珠宝龙头企业深圳百泰集团。面对中国庞大的市场和强大的消费力，新加坡树记珠宝集团选择与百泰集团"强强联手"，由百泰集团股东环冠集团与新加坡树记珠宝集团旗下独资子公司Love&Co. International正式签约，双方将就Love&Co.品牌的中国市场推广展开合作，国际时尚钻石珠宝品牌Love&Co.也将全方位进军中国珠宝市场。

2018年9月，萃华珠宝携手Heaven Gaia亮相巴黎时装周，举办"画壁·一眼千年"春夏大秀。萃华通过解构文化

2017春季深圳·珠宝时尚周开幕晚宴

2018深圳·珠宝时尚周开幕晚宴暨颁奖盛典

TTF中国生肖珠宝设计发布暨展览举办

萃华珠宝携手 Heaven Gaia 亮相巴黎时装周

价值，以非遗花丝等纯手工工艺和创新时尚设计，创意融合敦煌壁画中的图案、色彩等元素，用中国顶级珠宝呈现东方艺术之美，为世界呈献独具东方奇韵的珠宝珍品。传统中华老字号的时尚蜕变，着实令人拍案叫绝。

于珠宝品牌、企业而言，伴随"新常态"一同而来的转变，不仅表现在扭转固化印象、创新合作模式，也表现在更具规划性地拓宽发展之路，为进一步攻城略地扫清障碍。2017年4月27日，周大生在深圳证券交易所挂牌上市，正式吹响了进军资本市场的号角。登陆资本市场之际，周大生还别出心裁地在深交所上演了一场珠光璀璨的"情景风格珠宝"时尚秀。在万众瞩目的平台彰显自身品牌价值，成为首家在深圳证券交易所举办珠宝走秀的上市企业。周大生董事长表示，周大生将继续秉承企业精神，坚持品牌定位，实现战略规划，在国际珠宝钻石专业领域里为中国队摘取一枚金牌。

周大生上市敲钟仪式

企业拼搏的身影比比皆是，行业前行的脚步也从未停止，2018年5月，国务院关税税则委员会办公室印发《关于降低日用消费品进口关税的公告》，其中，黄金、银首饰制品的关税由20%下调至8%，铂制、其他贵金属制品由35%下调至10%，天然或养殖珍珠制品、宝石或半宝石制品由35%下调至10%，这表明着，国内珠宝企业进口成本进一步得到降低，将有利于优化运营结构，提升品牌竞争力。

这一时期里，"新零售"成为热词，智慧门店、无人零售初现苗头，亦有先行者通过运用大数据、人工智能等先进技术手段，对商品的生产、流通与销售过程进行升级改造，进而重塑业态结构与生态圈。2017年，周大生与天猫展开合作，开发"智慧门店"，店内"智能魔镜"可提供会员购物记录和试戴功能。此外，金一珠宝也利用智慧门店的会员管理智能化功能，采用人脸识别技术指导服务员提供针对性的营销推荐和贴心服务。而在2018深圳国际珠宝展览会上，亦有"无人零售珠宝店"亮相，吸引观众前来体验。毋庸置疑的是，改变一直伴随着珠宝行业、企业的成长和发展过程，同时亦随着行业、企业的成熟而渐趋科学、有效。

转变不仅生发于前端，也作用于终端，作用于消费市场。在历年举办的中国（深圳）国际文化产业博览交易会上，来自深圳珠宝集聚区的水贝国际珠宝交易中心、金丽国际珠宝交易中心、深圳水贝万山珠宝园、金展国际珠宝广场、C33+ 珠宝创新产业园等分会场，以丰富多彩的文化创意特色活动，展示深圳珠宝文创成果的同时，也进一步拉近了普通消费者与珠宝间的距离。应当说，在消费升级的时代背景下，这种创新求变，既顺应发展大势，又是发展大势所趋。

值得一提的是，2019 年 8 月，在深圳市政府主办的，助力深圳打造国际消费中心城市、建设中国特色社会主义先行示范区的"鹏城八月欢乐游购"促消费系列活动中，深圳市黄金珠宝首饰行业协会齐集全行业力量，举办"2019 深圳黄金珠宝购物节"。包括周大福、周大生、周生生、六福、周六福、老凤祥、潮宏基、萃华、中国珠宝、谢瑞麟、金至尊、金雅福、金大福、钻石世家、润金店、六桂福、MSTAR、BLOVES、吉盟、真牌、JASS 在内的诸多知名品牌举办了丰富多彩的珠宝促销优惠活动的同时，水贝商圈的金展国际珠宝广场、水贝万山珠宝商业中心、水贝金座、水贝国际珠宝交易中心、金丽国际珠宝交易中心、正福国际 Mall 等交易中心也通过"水贝珠宝购物游"活动，令市民及游客零距离接触璀璨珠宝，更好地满足市民和游客的高层次、高质量的消费需求。

2018 年末，深圳市黄金珠宝首饰行业协会通过问卷调查、走访的方式对深圳珠宝行业进行全面调查。参与调查的企业中，有 34% 认为 2018 年自身制造加工、批发贸易和零售总

第十四届文博会金丽珠宝分会场

第十五届文博会水贝珠宝分会场

"2019深圳黄金珠宝购物节"启幕

量与往年相比有少量增加，31%认为大致持平，20%认为大幅减少，12%认为有少量减少，认为大幅增加占比则为3%；另外，2018年利润率在0～5%的占55%，5%～10%的占21%，超过10%的占9%，也有15%的企业利润率为负数。数据显示，"新常态"大背景中，深圳珠宝企业仍在不遗余力地促发展、求创新。

与此同时，罗湖区统计局、罗湖区翠竹和东晓两个街道办的经济普查数据亦于年末发布，数据显示，截至12月，仅罗湖水贝片区就有珠宝经营范围的市场主体12 691家，全区共有珠宝商事主体16 887家，其中各类法人注册企业15 006家，比五年前的普查数增长了169%。深圳珠宝企业涵盖设计研发、生产制造、展示交易、品牌推广、检验检测等各个环节，有大小珠宝交易中心和批发市场约30家，产业队伍超过25万人，行业制造加工总值约1500亿元，批发零售贸易额约450亿元。

实际上，由于主流消费群体消费习惯和消费结构的改变，尤其是80后、90后逐渐登上历史舞台之后，珠宝行业原有格局、模式、思维毫无疑问也在经历着嬗变。当消费倒逼企业、品牌不断做出创新之举时，一个新的时代自然全面到来。正如深圳市黄金珠宝首饰行业协会执行会长杨绍武所言，创新正在成为珠宝企业发展的源动力，技术创新、设备革新、理念更新将为行业带来无限美好的未来。

历史事件

2017年3月13日，金展国际珠宝广场盛大开业

2017年，罗湖区制定水贝－布心片区珠宝产业供给侧结构性改革策略方案

金展国际珠宝广场盛大开业

溯源篇

2017年3月,首届深圳·珠宝时尚周举行

——
2017年3月
首届深圳·珠宝时尚周

2018年9月12日,罗湖时尚之夜—深圳·珠宝时尚盛典举行

——
"风尚新娘喜爱的珠宝品牌"
颁奖盛典

119

2018年，深圳国际珠宝展出现无人零售珠宝店

— 无人零售珠宝店 —

2019年8月，"2019深圳黄金珠宝购物节"举办

— "2019深圳黄金珠宝购物节"水贝商圈活动 —

"2019深圳黄金珠宝购物节"
水贝商圈活动（续）

回顾篇

◆ 深圳珠宝产业四十年回顾展

水贝，从昔日的边陲小渔村蜕变为今日享誉全球的珠宝聚集基地。水贝，从1410年肇始建村到今日高楼林立的珠宝地标。岁月流转，沧桑巨变。水贝，是改革开放时代浪潮中的潮头浪花，是深圳这座城市走向世界舞台的闪亮名片，是珠宝人拼搏进取敢闯敢试的精彩传奇。一滴水可以反映太阳的光辉；一段水贝传奇折射出党史、改革开放史、社会主义发展史的光辉历程！

2021年6月29日,正值中国共产党百年华诞,深圳珠宝博物馆携手罗湖区黄金珠宝产业链党委为公众呈现"水贝传奇——深圳珠宝产业四十年回顾展"。本次展览将以"回溯历史""传奇历程""无限未来"三个单元展开,讲述水贝的流金岁月。

党员宣誓活动现场

领导嘉宾揭幕仪式

水贝传奇
LEGEND OF SHUIBEI

合抱之木
生于毫末

1980—2003年

"合抱之木,生于毫末;九层之台,起于累土。"——《老子》宏大事物无不是脚踏实地的从微小发展而来。

明朝永乐八年即1410年,水贝村开村,至今已有611年历史。作为深圳最古老的村庄之一,如今已被誉为"中国珠宝第一村"。

从寂寂渔村到繁华都市,时间见证了深圳的蜕变。

泛黄的老照片,锈青的老工具,刻画着水贝珠宝的传奇开篇。

敢闯敢试,敢为人先,水贝珠宝势如破竹,推开时代的大门。

———
戥秤
（营口天隆珠宝提供）
———

———
戥秤属于小型的杆秤，是旧时专门用来称量金、银、贵重药品和香料的精密衡器

———
砂轮
（深圳市千禧之星品牌管理有限公司提供）
———

———
砂轮起打磨抛光的作用

中国熊猫普制金币40年大全套（永银文化提供）

《中国熊猫普制金币》收录了1982—2021年熊猫普制金币共199枚。40年熊猫普制金币全部集齐，年份齐全，由上海金币送检并出具产品说明书，中金国衡再鉴定封装

水贝传奇
LEGEND OF SHUIBEI

第二节

珠联玉映
欣欣向荣

2003—2013年

"日月如合璧，五星如连珠"——《汉书·律历志上》。水贝与扎根在水贝地区的珠宝产业相辅相成，共同成就了水贝珠宝产业的繁荣景象。

千禧年之后，水贝珠宝稳扎稳打，凭借天时、地利、人和吸引了大批的珠宝企业进驻。

"深圳国际珠宝展览会"万众瞩目，水贝珠宝在这个珠光宝气的时代中熠熠生辉。

"缘美幸运七星"项链
（缘与美提供）

作品以缘美幸运七星为设计主题，以牡丹和芙蓉花作为主要设计元素。牡丹，花中富贵者，芙蓉则是顽强生命力的写照，牡丹搭配芙蓉，整体形象饱满，色泽艳丽，突显尊贵和高雅，寓意"富贵荣华"。作品总重达418.80克，共镶嵌有3517颗总重达154.80克拉的钻石和747颗总重达7.32克拉的沙弗莱石，其中377颗灿若繁星的缘美幸运星（指缘与美"六围一"镶口）缀满项链，诠释花开富贵，幸运美好

"释放"项链
（缘与美提供）

灵感来自无垠宇宙中的流星爆发瞬间所释放的炫目光芒，"流星飞碧落，零雨下银潢"，钻石的光芒如同夜间绽放的流星，释放出独特的光彩。作品总重达 290.76 克，共镶嵌 435 粒钻石，整体形象中，钻石如从中心释放而出，流星飞行般的轨迹交错纵横，仿佛在演绎钻石绽放光芒的神秘过程

"宝相花"戒指
（缘与美提供）

作品以晚唐时期的装饰花纹唐草纹和宝相花为设计题材，描绘出花朵、花苞、叶片的真实自然形象。整体的设计风格华丽饱满，总重达221.14克，以镶满钻石的莲花底座，托起一朵璀璨闪耀的宝相花。结构设计巧妙，花瓣可以开合，花蕊能够随之起落。10 888粒钻石镶满戒指全身，赋予吉祥美满长久之意，彰显出丰富的创造性和表现力

"凤羽仙姿"头饰
(赛菲尔提供)

此件展品同时采用了无焊料焊接技术和珐琅工艺,用黄金塑造出了凤凰展翅的美丽形象。凤凰开屏,雍容华美,牡丹盛开,风华万千,寓意花开富贵,吉祥如意

水贝传奇
LEGEND OF SHUIBEI

第三节

大浪淘沙
道在日新

2014年至今

"道在日新，艺亦须日新，新者生机也；不新则死。"——徐悲鸿。事物想要长久发展不被时代淘汰，就要创新，求新。

经历了行业整体的动荡与挑战，面对时代的变迁和科技的进步，水贝珠宝不破不立，于快速更迭中展现了全新的、更加坚韧的生命力。

技术研发突破行业瓶颈，跨界合作引领潮流风尚，电商崛起带来行业新态，水贝珠宝走向更广阔的国际市场。

水贝珠宝始终没有停下前进的脚步，继续创造着新的突破和传奇，未来可期。

"幽兰绽放"项链
（TTF 高级珠宝提供）

TTF 致力于传统文化的当代创新，梅兰竹菊作为中国传统文化的象征，自然而然成为 TTF 的经典设计。"幽兰绽放"延续了梅兰竹菊这一主题，以兰花为主要设计元素，同时又在翡翠玉雕部分将梅、兰、竹的形态雕刻于正反两面，是中国传统玉雕工艺和法国高级珠宝精工工艺再次完美融合的当代艺术作品。兰花有王者之香，君子之誉，古往今来，人们对兰的推崇，是中国传统美学的体现，更是一个民族气节的体现，呈现了独具一格的珠宝艺术

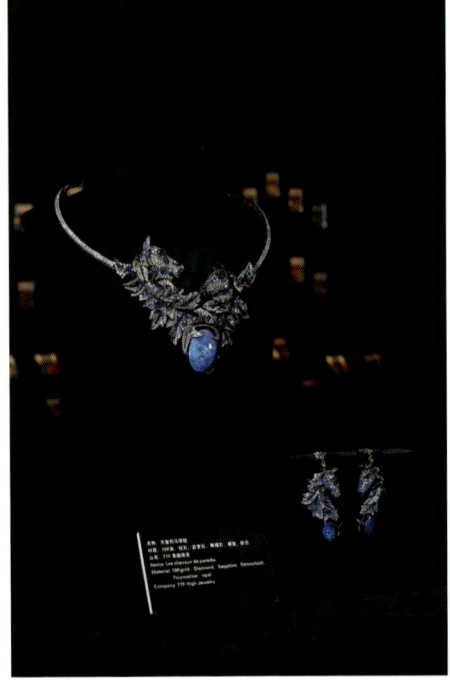

"天堂之马"项链
（TTF 高级珠宝提供）

由法国珠宝设计师 Cécile Chalvet 设计，采用 18K 白色黄金电镀黑金工艺，群镶黑白钻石、蓝宝石、翠榴石和碧玺，衬托出蓝色欧泊的神秘之美

"祥瑞六角玲珑宫灯手包"
（深圳市萃华珠宝首饰有限公司提供）

2017年萃华携中国非遗花丝镶嵌珠宝珍品与服装品牌 Heaven Gaia 亮相法国巴黎歌剧院。纯手工宫灯设计构思精妙，造型独特，每边均有花丝掐制图案，六角以祥云点缀，寓意吉祥瑞庆，精致奢华。采用国家非物质文化遗产之花丝镶嵌、錾刻工艺等工艺结合丝绸面料，纯手工打造而成。六角以螭龙装饰，龙前足着地，长尾盘卷寓意美好吉祥。手提宫灯灯影摇曳，雍容华贵，充满宫廷气派

"莫奈花园"
（爱瑞思珠宝提供）

作品灵感来源于莫奈同名名作《莫奈花园》，将莫奈花园色彩的丰富通过红蓝绿色宝石的运用跃然整件珠宝之上。作品荣获第九届中国珠宝首饰设计与制作大赛"特殊工艺运用奖"

"鹏鹏鸟"摆件
（周大福提供）

本件作品由 18 719 粒钻石组合。鹏鹏鸟是由周大福与澳洲力拓公司联手打造，55 位工匠经历半年时长协作完成。澳大利亚政府特别授权周大福使用其形象，并且成为 2010 年上海世博会上澳大利亚馆的镇馆之宝

伦敦 2012 年奥运会纯银邮票
（摆件）（国富黄金提供）

黄金珠宝行业发展的这几十年，同样是中国文化事业繁荣发展的几十年。在本次展览中，一批璀璨的金银艺术品，展现了中国的文化自信，也是中外文化交流的重要见证。本次展览展出了 2008 年北京奥运会、2010 年上海世博会、2010 年广州亚运会、2011 年深圳大运会、2012 年伦敦奥运会、2016 年里约奥运会、2018 年俄罗斯世界杯七大赛事的特许纪念品，由国富黄金提供。纯银制作而成的邮票，体现了设计、工艺的创新

上海世博·清明上河图全景（摆件）
（国富黄金提供）

为上海世博会打造，全景还原了中国传世名画，运用了纳米微雕、无缝拼接等许多在当时少见的高端工艺，力求完美呈现画作的每一个细节

北京奥运鸟巢·水立方（摆件）
（国富黄金提供）

采用了多项创新工艺等比还原，不仅体现出原建筑的设计美感，也让人联想起每一个发生在鸟巢与水立方中的荣耀瞬间

王振馆长带领开幕式
现场人员参观展览

展览现场

展览现场

展览现场

✦ 结　语

　　四十载波澜壮阔，新征程催人奋进。经济特区的沧桑巨变是一代又一代特区建设者拼搏奋斗干出来的。在新起点上，经济特区广大干部群众要坚定不移贯彻落实党中央决策部署，永葆"闯"的精神、"创"的劲头、"干"的作风，努力续写更多"春天的故事"，努力创造让世界刮目相看的新的更大奇迹！

　　习近平在深圳经济特区建立40周年庆祝大会上的讲话

　　2020年10月14日

主要参考文献

Main reference

范嵬, 2005.《金银首饰购货 (加工) 管理证明单》停止执行 [EB/OL].(2005-05-18)[2021-01-10].http://finance.sina.com.cn/roll/20050518/172967063.shtml.

冯英栋, 2010. 广东珠宝玉石首饰业三十年 [M]. 深圳: 海天出版社.

胡国清, 2013. 水贝·中国珠宝指数试运行 [EB/OL].(2013-11-04)[2021-05-15].http://news.sina.com.cn/o/2013-11-04/080028613042.shtml.

继兰, 1999.《金玉大水法》再现昔日辉煌 [J]. 文化月刊 (1):20.

丘志力, 黎志伟, 梁伟章, 等, 2019. 番禺珠宝产业发展 30 年: 与世界珠宝产业的互动及产业集聚发展 [M]. 广州: 中山大学出版社.

深圳博物馆, 2010. 深圳改革开放史 [M]. 北京: 文物出版社.

深圳市地方志编撰委员会, 2008. 深圳市史·第一二产业卷 [M]. 北京: 方志出版社.

史洪岳, 2007. 中国珠宝玉石首饰特色产业基地发展之路 [M]. 北京: 地质出版社.

吴德群, 2008. 深圳欲打造中国珠宝品牌之都 [EB/OL].(2008-09-08)[2021-02-01].http://news.sina.com.cn/o/2008-09-08/072314417925s.shtml.

佚名, 2004.9 家黄金企业跻身中国名牌产品 [EB/OL].(2004-09-02) [2021-01-07].https://www.0755zb.com/content/22658.html.

佚名, 2004. 深圳市水贝国际珠宝交易中心第一届珠宝采购 [EB/OL]. (2004-04-07)[2020-12-28].https://www.0755zb.com/content/22447.html.

佚名, 2007. 深圳颁布全国首个地方性珠宝行业标准 [EB/OL].(2007-08-30)[2021-03-25]. http://futures.money.hexun.com/2473924.shtml.

佚名, 2007. 珠宝行业有了"深圳标准"[EB/OL].(2007-07-11)[2021-03-04]. https://www.0755zb.com/content/24281.html.